Guide
HERMES 5 – ITIL v3

Jean-Luc Robert-Charrue
Louis Belle
Jean-Luc Vionnet

© 2017 eco-HERMES   Groupe thématique HERMES-ITIL

Auteurs :
Jean-Luc Robert-Charrue
Louis Belle
Jean-Luc Vionnet

Contributeurs :
Le contenu a été élaboré par le groupe thématique *HERMES-ITIL*.

Chef : Jean-Luc Robert-Charrue
Membres : Louis Belle
Jean-Luc Vionnet

Assurance qualité :
Louis Belle, Jean-Luc Robert-Charrue.

3ème Edition :
Novembre 2017

ISBN 978-1979462105

© 2017 eco-HERMES

Contacter eco-HERMES, le groupe thématique et les auteurs :
eco-HERMES
c/o processCentric GmbH
Unterer Burghaldenweg 5
CH-4410 Liestal
http://www.eco-hermes.ch

Droits :
Tous droits de traduction réservés.
La reproduction de cet ouvrage ou de parties de celui-ci, sous quelque forme et par quelque procédé que ce soit (photocopies, microfilm, impression, reproduction sur supports électroniques ou tout autre procédé) est interdite sans l'autorisation écrite préalable de l'association eco-HERMES. Malgré un contrôle scrupuleux, les auteurs déclinent toute responsabilité quant à la justesse de l'ouvrage entier. Les produits, marques et noms d'entreprises mentionnés sont en règle générale protégés par leurs propriétaires.

À propos des auteurs

Jean-Luc Robert-Charrue est l'auteur et le contributeur principal au contenu de ce présent guide dans le cadre du groupe thématique « HERMES-ITIL » qu'il dirige pour eco-HERMES. Au bénéfice de plus de 25 années d'expérience dans l'industrie des services, il s'est spécialisé depuis plus de 10 ans dans la réalisation de mandats de conseil et de formation dans le domaine de l'intégration de méthodes de gestion de services avec ITIL et de gestion de projets avec HERMES et OPM3. C'est dans le cadre de la société r2Ci service SA, entreprise de services informatiques dans les domaines des solutions organisationnelles, de la gestion de services informatiques, de la gestion par projets et de l'analyse d'affaires, dont il est le fondateur et l'administrateur, que Jean-Luc Robert-Charrue a géré des projets liés à l'organisation des unités informatiques, tant pour la Suisse que pour l'étranger.

Louis Belle, co-fondateur et président de l'association eco-HERMES, est actif dans l'industrie informatique depuis 1988. Après plusieurs années dans l'exploitation et le support informatique de gros systèmes propriétaires, il s'est dirigé dans le domaine de la gestion et la qualité des services. Louis Belle a été fortement impliqué dans la réorganisation informatique fédérale NOVE-IT en Suisse pour la définition et l'implémentation de processus (P04, P05) de même que dans l'eGovernment (eVanti.ch). Responsable de la méthode HERMES de 2000 à 2007, Louis Belle était le chef de projet de la modernisation de HERMES avec comme résultat la solution globale (V4) comprenant les manuels 2003 et 2005. Depuis 2007, il est responsable des systèmes d'information de la HES-SO et il a été choisi pour reprendre la direction de la section informatique de l'OFS en 2012 en tant que CIO.

Jean-Luc Vionnet, actif dans le domaine informatique depuis plus de 20 ans, a commencé sa carrière en tant que programmeur COBOL puis a évolué en tant qu'analyse, chef de projets informatique, responsable de modules SAP et business-analyst. Actuellement responsable informatique de l'Office fédéral de l'agriculture à Berne depuis 5 ans, son activité se concentre surtout sur l'organisation, sur la conduite de l'informatique à l'OFAG et sur la mise en place de la gouvernance informatique de l'Office.

Table des matières

Chapitre 1: But 6
   Public cible 6
   Notions HERMES et ITIL 7
   Objectif : La Convergence 9

Chapitre 2 : Bases 11
   La Gouvernance informatique 11
   Positionner ITIL dans l'entreprise 12
   HERMES versus ITIL : Les différences majeures 14
      HERMES et la Stratégie des Services ITIL 14
      HERMES et la gestion tactique par projet 14
   Chapitre 3: Axes de Convergence HERMES / ITIL 15
      La convergence globale 15
      Points de convergence dans les démarches 15
      Identifier la convergence avec les trois points de vue HERMES 15
      Convergence dans les phases de définition des Concepts de la solution 18
         ITIL – Phase « Service Design » 20
         HERMES - Phase « Initialisation » 21
         Rôles et Résultats les points de convergence 24
         HERMES - Phase «Conception » 25
         HERMES - Phase «Conception » : Convergence Rôles et Résultats 28
      Convergence dans les phases de réalisation de la solution et préparation à sa transition en production 32
         HERMES - Phase «Réalisation» 33
         ITIL – Phase Service Design – Développer la solution 35
         ITIL – Phase Service Transition – Assembler - Tester solution 37
      Convergence dans les phases de déploiement de la solution et de sa mise à disposition des utilisateurs .. 42
         HERMES - Phase «Déploiement» 43
         ITIL – Phase Service Transition – Déployer la solution 46
      Convergence dans les phases de réception de la solution en production et de son support 50
         ITIL – Phase Service Operation – Early life support 51
         Rôles et Résultats les points de convergence 53
         Dans les prises de décision 56

Chapitre 4 57
HERMES Modules communs aux phases 57
   Pilotage du projet 57
   Conduite du projet 57
      Convergence grâce aux plateformes de collaboration 57

Chapitre 5: Principaux enseignements (lessons learned) 59
   Synthèse des axes d'intégration entre la méthode HERMES et le modèle ITIL-V3 59
   Accompagnement du changement 59

Chapitre 6: Annexes 61
   Conduire des projets sur deux axes 61
      Le contenu organisationnel du projet 61
      L'accompagnement au changement 62
   Termes 63

Chapitre 1 :
But

Pour les entreprises d'aujourd'hui, un Système d'Information (SI) répondant aux exigences des métiers, donc aligné aux besoins des utilisateurs, est une priorité et un souci constant.

Tant la méthode HERMES (méthode de gestion de projets) que le modèle ITIL (la librairie des meilleures pratiques de gestion des services IT) permettent de répondre à cette préoccupation.

HERMES par son approche structurée et consistante de la gestion de projets dans le domaine des Systèmes d'Information Informatisés (SII), facilite la conduite de la création de changements.

ITIL pour la mise à disposition de ces changements, sous la forme de nouveaux services ou sous la forme de services modifiés.

Ces deux références doivent converger car elles sont complémentaires. Toutefois, leur interconnexion est un *Graal* trop souvent difficile à atteindre car le monde du projet et celui de la gestion de services sont généralement gérés dans des unités organisationnelles distinctes à l'intérieur des entreprises.

Ce guide ne remplace ni la méthode HERMES, ni les manuels du référentiel ITIL. La connaissance de ces deux références est une condition requise à la compréhension de ce guide.

Public cible

Ce guide « HERMES 5 – ITIL v3 2011 » s'adresse aux utilisateurs de HERMES et ITIL, qui sont amenés à faire cohabiter ces deux références pour la conduite de leurs projets et la gestion des services informatiques.

En tant que méthode de gestion de projets, HERMES est particulièrement destinée aux chefs de projet et aux cadres qui préparent, exécutent ou accompagnent des projets. HERMES fournit également aux collaborateurs du projet une aide diversifiée leur permettant une contribution efficace. HERMES soutient le déroulement de projets TIC dans l'administration publique (Confédération, cantons, communes) et dans les entreprises privées.

En relation avec le modèle ITIL V3 2011, ce guide est adapté pour :
- Les fournisseurs de services, internes et externes,
- Les organisations qui visent à améliorer les services par une application efficace de la Gestion des Services informatiques et par une mise en place des processus du cycle de vie des services informatiques,
- Les organisations qui ont besoin d'une approche gérée, cohérente sur l'ensemble des prestataires de services dans une chaîne d'approvisionnement,
- Les organisations qui répondent à des appels d'offres pour proposer leurs services.

Ce guide est également adapté pour les gestionnaires de services informatiques et pour les personnes qui interviennent dans la transition des services ou dans les domaines qui s'y rapportent, notamment :
- Les gestionnaires de programmes et de projets responsables de la fourniture des nouveaux services, ou des services modifiés,

- Les responsables et le personnel de transition,
- Les responsables des tests, leurs équipes, y compris les gestionnaires des environnements et des données de tests,
- Les responsables de l'assurance qualité,
- Le personnel de Gestion des Actifs et des Configurations,
- Le personnel de Gestion des Changements,
- Le personnel de mise en production et de déploiement,
- Le personnel de gestion de l'exploitation et de la maintenance, du service desk, de la technique et des applications de l'informatique,
- Le personnel en charge des achats,
- Les responsables de comptes clients et les responsables fournisseurs,
- Les fournisseurs proposant des services, du support, de la formation etc.
- Les architectes de l'informatique,
- Les responsables (propriétaires - owners) des services informatiques,
- Etc.

Notions HERMES et ITIL

La méthode de conduite de projet HERMES est utilisée à la Confédération et dans les anciennes régies fédérales, ainsi que dans les entreprises privées. Cette méthode éprouvée, et en constante amélioration, contribue au succès de projets variés en respectant leurs spécificités. Les phases et les structures de résultats permettent de donner un point d'appui et une sécurité aux participants du projet ainsi qu'à tous les services et personnes impliqués. Très bien intégrée dans les processus d'approvisionnement et financiers de la Confédération, HERMES est adaptée à de nombreux projets.

HERMES se caractérise comme suit :
- Est utilisée principalement à la Confédération, auprès des régies fédérales mais également dans des entreprises privées,
- Couvre le cycle de vie complet d'un projet informatique,
- Propose une démarche standardisée pour les différents types de projets tels que développement de système, adaptation de système et projet d'organisation,
- Définit clairement les résultats et points de décision,
- Met à disposition des modules pour appréhender les aspects importants d'un projet : gestion de projet, assurance qualité, gestion des risques, gestion de la configuration et marketing de projet, etc.
- Est intégrée aux processus informatiques de la Confédération,
- Satisfait toutes les exigences en matière d'appel d'offres public,
- Est une méthode avec certification.

La nouvelle version de la méthode HERMES, présentée en avril 2013, reste toujours utile pour des projets informatiques, de développement de prestations ou de développement de produits, ainsi que d'adaptation de l'organisation, et fournit de nouveaux éléments tels que :

Des scénarios de projets permettant de prendre en compte la multiplicité des types de projets :
- Des **Scénarios standards** : Qui contiennent exactement les éléments de la méthode HERMES qui sont importants pour chaque type de projet, comme par exemple : pour l'achat et l'intégration d'une application informatique standard, la mise en place d'une infrastructure informatique, le développement d'une prestation ou d'un produit.

Scénarios spécifiques : Il est possible d'adapter des scénarios standards aux besoins spécifiques d'une organisation.

Des modules : Qui sont des éléments réutilisables pour l'établissement de scénarios. Les modules sont reliés aux phases et aux jalons.

- Des **Modules standards** : Contiennent les tâches, résultats et rôles portant sur le même thème, par exemple : Pour le module *pilotage de projet,* toutes les tâches, et leurs résultats, en relation avec la *conduite du projet* sont regroupées. Ainsi, le mandant peut voir de manière simple de quelles tâches et de quels résultats il est responsable.

    Modules spécifiques : Contiennent les tâches, résultats et rôles portant sur le thème couvert par le scénario spécifique.

Des Phases et Jalons : Qui correspondent à un cycle de vie simplifié selon un modèle de phase uniforme en quatre phases, quel que soit le type de projet à réaliser :

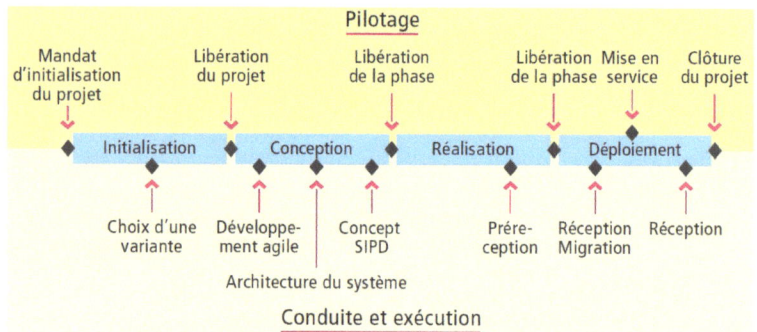

Ainsi, pour tous types de projets, des jalons sont placés au début et à la fin de chaque phase, et suivant le scénario utilisé, des jalons qui lui sont spécifiques peuvent exister. HERMES distingue entre les décisions prises par le pilotage et celles qui le sont par la direction du projet et par des spécialistes.

La librairie des meilleures pratiques en gestion des services informatiques ITIL, met à disposition des références sur la fourniture de la qualité de service informatique, sur les processus, les fonctions, les rôles et les autres ressources et capacités nécessaires pour les soutenir.

ITIL est le cadre le plus largement reconnu pour la gestion des services informatiques dans le monde.

ITIL n'est pas une norme qui doit être appliquée et respectée, ITIL donne une orientation qui devrait être lue, comprise et utilisée afin de créer de la valeur pour le prestataire de services et ses clients.

ISO / IEC 20000 est une norme formelle et universelle pour les organisations qui cherchent à avoir leurs capacités de gestion de services informatiques auditées et certifiées.

Tandis que ISO / IEC 20000 est un standard qui doit être atteint et maintenu, ITIL propose un ensemble de connaissances utiles pour atteindre la norme.

La figure ci-dessous présente le modèle ITIL - le cycle de vie de la gestion des services informatiques et les processus qui le composent - dans sa version actuelle : ITIL-V3 version 2011 :

Chapitre 2 : Bases **9**

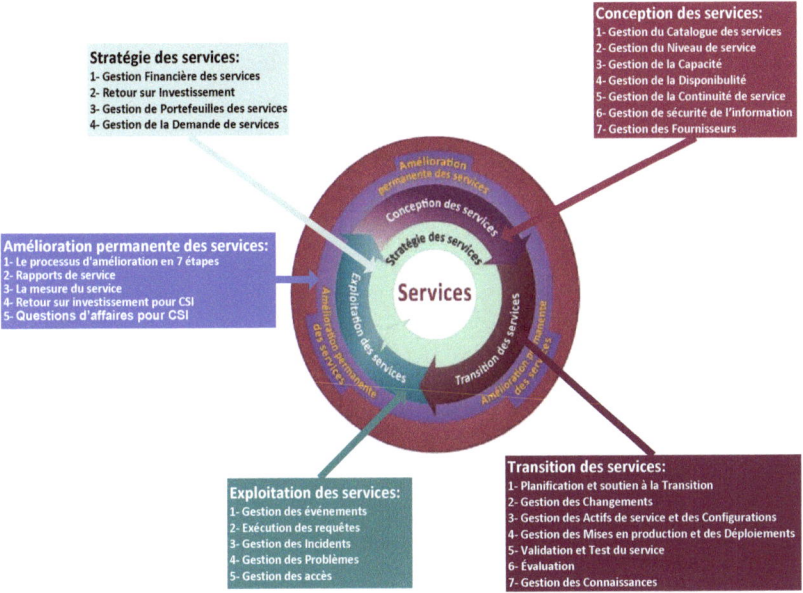

Objectif : La Convergence

Ce guide éclaire les lecteurs praticiens sur les aspects de **Convergence** entre la méthode HERMES 5 et le modèle ITIL-V3 2011.

HERMES et ITIL se distinguent par le fait que la méthode HERMES développe ou adapte des **systèmes** alors que le modèle ITIL planifie, conçoit, développe et exploite des **services**. Leur point commun se situe aux endroits où système et service concordent : dans l'exploitation et chez l'utilisateur.

En effet, du point de vue d'un utilisateur, même si une prestation de service informatique ne peut pas être fournie sans le système correspondant, c'est avant tout l'utilité de ce système, dans le cadre de ses activités professionnelles, qui seront prédominantes.

Vu de cette manière, un service informatique a toujours une acception plus large qu'un « simple » système. Il comprend tous les éléments de prestation qui sont convenus dans un *SLA – Service Level Agreement* et qui ne peuvent être garantis que par une bonne organisation d'exploitation, un concept de support et des contrats de maintenance adéquats.

Dès-lors, la réussite d'un projet ne peut être envisagée qu'à la condition que le futur service remplisse les attentes des clients et des utilisateurs. C'est pourquoi il est important de considérer qu'il existe une différence entre les *Service Level Requirements (SLR)* (exigences envers la prestation informatique en tant que tout) et les **exigences envers le système** (qui sont déduites des SLR et représentent des exigences techniques envers le matériel et le logiciel, nécessaires pour le respect des SLR). Ces deux types d'exigences permettent aussi de déduire des **exigences envers l'exploitation**, qui sont en partie formulées dans le concept d'exploitation et le manuel d'exploitation selon HERMES. Cela signifie qu'il sera nécessaire d'harmoniser entre eux les SLR, les exigences envers le système et les aspects opérationnels, de manière à pouvoir satisfaire les besoins du client et de l'utilisateur. Par conséquent, on ne développera pas un système qui soit seulement parfait sur le plan technique, mais aussi qui puisse être utilisé (Utilité du service) et exploité (Garantie de service).

En outre, des organisations d'exploitation adéquates font bien sûr aussi partie de cet ensemble. En effet, elles sont nécessaires pour assurer le respect des Operational Level Agreements (OLA) ainsi que des contrats de sous-traitance (par ex : De maintenance et de support ou *Underpinning Contracts* selon ITIL).

Afin d'identifier le périmètre et les axes d'intégration possibles entre HERMES et ITIL, certains points de convergence existants entre ces deux références seront mis en évidence, ainsi que les différences majeures.

Une identification des axes d'intégration possibles, est réalisée en relation avec les cinq « P » (voir annexe Conduire le projet sur deux axes - Les 5 Ps et l'accompagnement au changement) :

- P1 -   Processus
- P2 -   Personnes
- P3 -   Plateformes de collaboration
- P4 -   Performances
- P5 -   Partenaires

Une fois les axes d'intégration définis, il s'agit d'identifier les changements à prévoir ainsi que les défis à surmonter pour réussir à intégrer HERMES avec ITIL.

Chapitre 2 :
Bases

L'intégration de la méthode HERMES avec le modèle ITIL répond à des enjeux stratégiques pour toutes les entreprises privées et collectivités publiques.

Pour rendre l'innovation possible au sein d'une organisation, il faut qu'elle soit apportée dans le cadre d'une réalisation en mode projet, puis une fois que son utilité (*service utility*) a été prouvée par les utilisateurs, la gestion des services se charge de leur apporter et maintenir la garantie (*service warranty*) afin de pouvoir « compter dessus » pour réaliser les activités de tous les jours.

La Gouvernance informatique

Le Référentiel orienté Affaires pour la gouvernance et la gestion des TI -Techniques de l'Information de l'entreprise de l'industrie informatique est le COBIT® 5 édité par l'ISACA - Information Systems Audit and Control Association qui fixe les processus suivants pour la bonne gouvernance informatique dans les organisations :

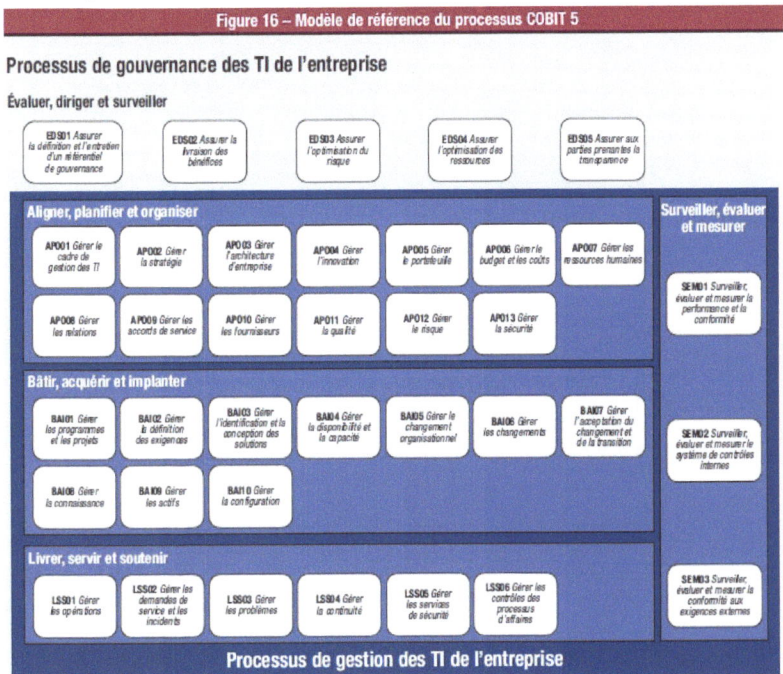

Figure 16 – Modèle de référence du processus COBIT 5

La figure 25 du modèle COBIT® 5 ci-après, illustre la correspondance de la couverture de COBIT et des autres normes et référentiels existants :

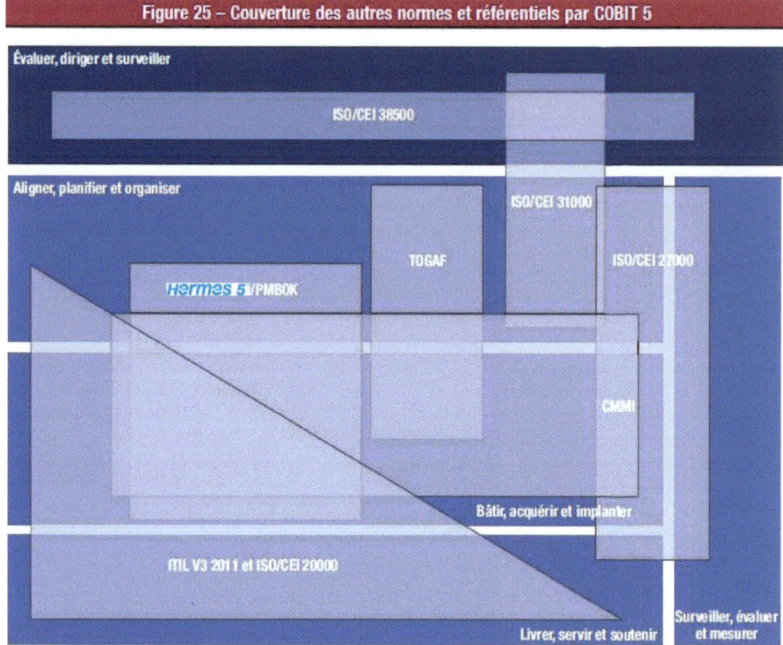

À haut niveau, cette figure met en évidence une convergence entre la Gestion de Projets (représentée ici par la méthode HERMES 5 et le guide des meilleures pratiques en management de projets du PMI® - PMBoK©) et la Gestion des Services IT (représentée ici par le modèle ITIL V3 2011© et la norme ISO/CEI 20000).

La plus grande « surface » de convergence se situe sur la couche « Bâtir, acquérir et implanter » du COBIT 5©. Cette couche correspondant aux phases Service Conception et Service Transition du modèle ITIL-V3 2011.

Il est à noter que le modèle CMMI© - Capability Maturity Model Integration du CMMI® Institute converge lui-aussi avec les références ITIL et HERMES et sert de fondement à leur mise en œuvre.

Positionner ITIL dans l'entreprise

La décision de convergence entre la gestion de projet et la gestion de services informatiques est un enjeu stratégique, puisqu'elle est directement en ligne avec le soutien à la création de valeur et à la définition de la manière de livrer cette valeur via les services informatiques fournis aux Clients internes et externes de l'entreprise.

Le schéma ci-dessous illustre les deux boucles de l'innovation :

1. La petite boucle : Se situe au niveau des services en exploitation et concerne principalement les phases ITIL *Service Operation - SO* et *Continual Service Improvement – CSI*, ainsi que *Service Transition* pour la coordination des

Demandes de changements opérationnelles et leurs mises en production. Les innovations issues de la petite boucle correspondent majoritairement à des améliorations techniques résultat des projets liés à la veille technologique, donc ayant peu d'impact envers les utilisateurs et ne modifiant pas le travail journalier effectués par les métiers.

2. La grande boucle : C'est par elle que sont intégrées les innovations liées aux métiers et à l'évolution des Affaires. Leurs enjeux étant stratégiques, ces innovations seront intégrées en mode projet afin d'en garder le contrôle, en parcourant toutes les phases ITIL pour en garantir l'alignement business.

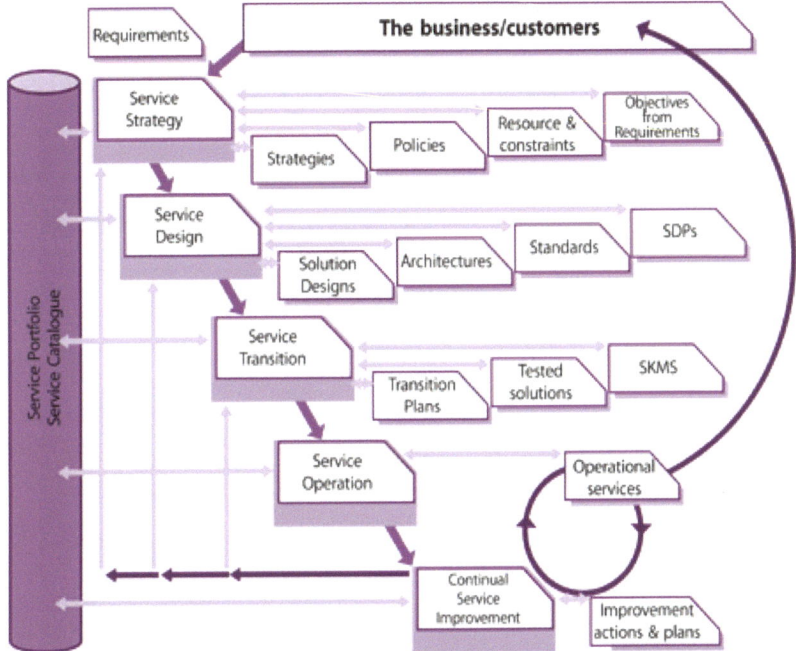

Ainsi, non seulement les Clients des services informatiques sont satisfaits par l'adéquation des services livrés à leurs exigences et par le niveau de ceux-ci, mais en plus ils sont confiants dans le fait que les services garantis sont maintenus au niveau adéquat, voir améliorés au fil du temps.

| Bénéfice attendu : Stabilité dans la satisfaction + prédictibilité = Confiance |

Pour l'entreprise et son management, il s'agit de comprendre et d'intégrer les capacités organisationnelles requises afin de concrétiser la livraison des objectifs stratégiques de l'entreprise.

Ces capacités organisationnelles permettent d'adopter et de mettre en place des standards et des procédés consistants, afin de :

- Faciliter l'alignement des activités réalisées pas les secteurs de l'entreprise qui fournissent les services informatiques, avec des résultats considérés comme étant critiques par les Clients internes et externes de l'entreprise.

Bénéfice attendu : Les fournisseurs des services informatiques sont considérés comme des contributeurs de valeur (et pas seulement comme générateurs de coûts)

- Permettre aux fournisseurs de services, internes ou externes, d'avoir une compréhension claire des types et niveaux de service qui apportent le succès aux Clients internes et externes.

Bénéfice attendu : Les fournisseurs internes et externes sont alors capables de s'organiser par eux-mêmes afin de les fournir.

- Permettre aux fournisseurs de services, internes ou externes, de répondre efficacement aux changements nécessités par les Affaires.

Bénéfice attendu : Les avantages concurrentiels durement acquis sont ainsi pérennisés.

HERMES versus ITIL : Les différences majeures

Une méthode de gestion de projet ne couvre que la partie opérationnelle. Pour envisager la gestion par projet dans sa globalité, il faut inclure la gestion des portefeuilles de projet, la gestion des programmes de projet, et toute la dimension organisationnelle afférente, qu'il s'agit d'intégrer dans l'entreprise. Bien que les deux points ci-dessous correspondent à des clés de succès pour faciliter l'entrée de l'innovation dans l'entreprise, ils sont considérés comme hors périmètre du sujet de ce guide.

HERMES et la Stratégie des Services ITIL

Au niveau stratégique, les aspects de convergence doivent être identifiés dans les modèles OPM3 et **Portfolio** management du PMI®.

Conclusion : Les aspects liés à la stratégie des services informatiques du cycle de vie ITIL ne peuvent pas être pris dans le périmètre d'intégration HERMES et ITIL.

HERMES et la gestion tactique par projet

Au niveau stratégique, les aspects de convergence doivent être identifiés dans les modèles OPM3 et **Program** management du PMI®.

Conclusion : Les aspects liés à la tactique de gestion par projets, regroupement de projets par programme de projets, ne concernent pas directement l'intégration de la méthode HERMES et ITIL.

Chapitre 3 :
Axes de Convergence HERMES / ITIL

Afin d'identifier globalement les axes d'intégration entre la méthode de gestion de projet HERMES et la librairie des meilleures pratiques de gestion des services informatiques ITIL, certaines similitudes d'approche existantes entre les deux modèles sont mises en évidence dans ce chapitre.

La convergence globale

Une première similitude d'approche entre HERMES et ITIL, réside dans leur but commun qui est de permettre la mise en œuvre et le soutien des objectifs, stratégies et processus définis par le management de l'entreprise et les unités d'Affaires.

Vu d'un niveau global, le succès est atteint lorsque les services informatiques fournis par les opérations et les produits et services livrés par les projets, ont prouvés leur utilité (*service utility*) auprès des utilisateurs. Ces derniers doivent au préalable avoir reçu la garantie (*service warranty*) afin de pouvoir compter sur ces services pour réaliser les activités de leur job.

Vu d'un niveau de détail inférieur, c'est dans le cycle de vie HERMES et dans le cycle de vie ITIL que l'on identifie les principaux points de convergence qui vont orienter les axes d'intégration.

Points de convergence dans les démarches

Lorsque des modifications ou des améliorations doivent être apportées aux services informatiques, par des projets dans l'entreprise, le déroulement global du processus peut être illustré par la figure de la page suivante.

Cette figure met en évidence la convergence entre HERMES et ITIL. Cette convergence doit être identifiée entre les quatre phases HERMES 5 « Initialisation », « Conception », « Réalisation » et « Déploiement », et les trois phases du modèle ITIL-V3 2011 « Service Design », « Service Transition » et « Service Operation ».

Identifier la convergence avec les trois points de vue HERMES

Les axes de convergence, entre la méthode HERMES et le modèle ITIL, seront précisés en prenant en compte les trois points de vue HERMES comme référence pour les identifier, ceci dans le cadre du scénario qui intègre tous les modules.

- **Tâches** : En comparant les démarches HERMES et ITIL, et donc dans leurs phases, les jalons et les activités seront mises en parallèle, afin de comparer le déroulement du travail à accomplir dans le deux cas.

Puis, dans chaque point des démarches, les rôles responsables de livrer les résultats seront mis en perspective.

- **Rôles** : Parties prenantes, décideurs et membres de l'équipe de projet, afin d'identifier les acteurs de la réalisation du travail et des livrables
- **Résultats** : Livrables de type gestion de projet ou de type produits et services, afin de préciser la forme sous laquelle la réponse sera donnée aux objectifs du projet.

Le graphique ci-dessous présente les convergences aux points temporels les plus importants pour les phases HERMES : Initialisation, Conception et Réalisation.

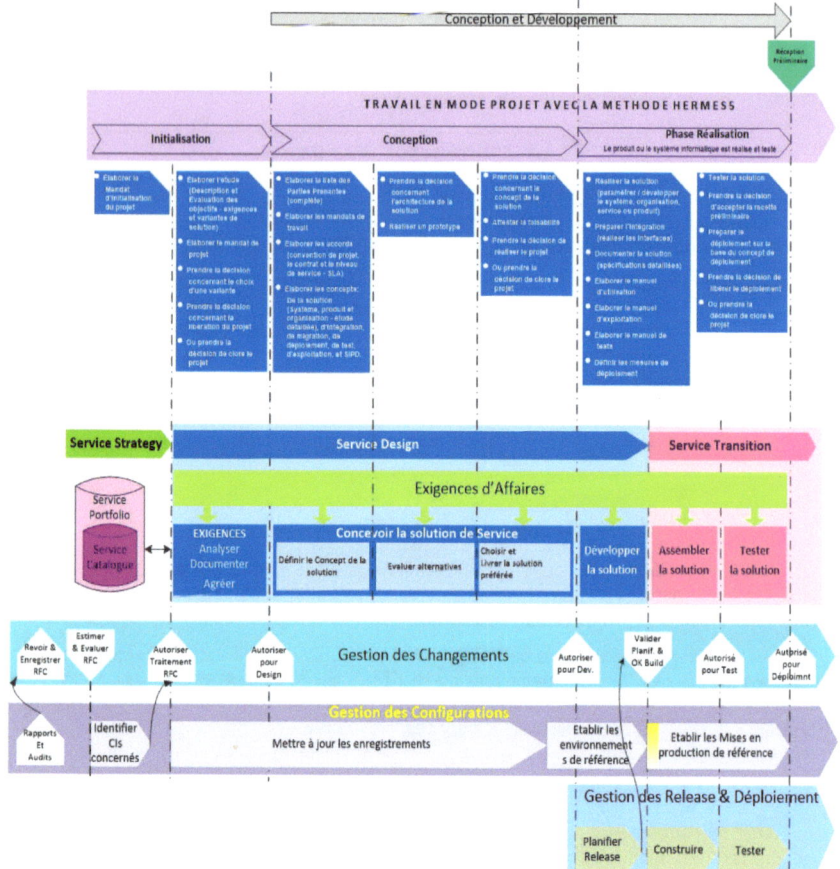

Chapitre 3 : Axes de Convergence 17

Le graphique ci-dessous présente les convergences aux points temporels les plus importants pour la phase HERMES : Déploiement.

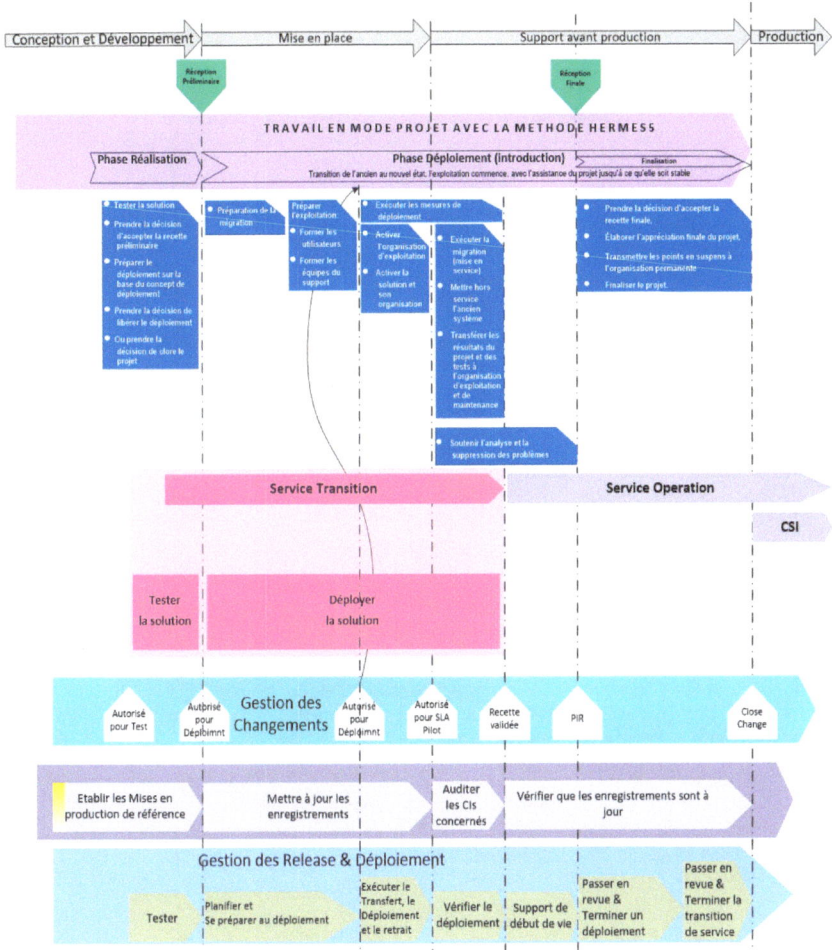

Rappelons que ces **Tâches**, **Rôles** et **Résultats** étant décrits dans des modules qui eux-mêmes servent à établir les scénarios de traitement des différents types de projets. Or certains modules étant communs à toutes les phases HERMES (Pilotage du projet et Conduite du projet), nous en préciserons les convergences dans le chapitre 4.

Convergence dans les phases de définition des Concepts de la solution

Pour HERMES, c'est dans la phase « Initialisation » que commence le premier niveau de définition des concepts, dans le cadre de l'*Étude* et de la définition des variantes de solutions. Puis évidemment la phase « Conception » permet de définir les détails des concepts de la variant de solution retenue.

En ce qui concerne le modèle ITIL-V3 2011, dans le cycle de vie d'un projet destiné à préparer des modifications ou innovations qui doivent être apportées aux services informatiques, la définition des concepts est principalement effectuée lors de la phase Service Design.

La figure ci-dessous, illustre le rôle de l'équipe projet dans cette activité de fourniture de services informatiques nouveaux ou modifiés, et **ses relations aux activités de conception.**

Remarque :

Étant donné que la phase « Service Design » du modèle ITIL-V3 2011 couvre une partie de la phase HERMES 5 « Initialisation », puis l'entier de la phase HERMES 5 « Conception » et finalement une partie de la phase HERMES 5 « Réalisation », il sera intéressant de mettre en évidence les points de convergence entre HERMES et ITIL durant toute la phase ITIL-V3 « Service Design ».

En conclusion :

Tant pour des produits, que pour des services à fournir, un design efficacement accompli, permet d'envisager un besoin minimum d'amélioration durant son cycle de vie.

Bénéfice attendu : Pérennisation de la satisfaction Client

En effet, dès leur mise à disposition des utilisateurs, il sera possible de mesurer un bon niveau de satisfaction de leur part. Puis, la mise en place des principes d'amélioration continue suffira à soutenir une évolution des produits et services livrés, permettant d'obtenir une satisfaction Client pérenne.

L'application des principes de conception décrits dans HERMES et ITIL permet d'identifier, de définir et d'aligner les solutions informatiques aux exigences des Affaires, donc des Clients internes et externes.

Bénéfice attendu : Innovations alignées aux exigences des métiers

En effet, les bases d'une évolution des produits et services livrés vers une innovation appropriée aux exigences actuelles et futures, résident dans une définition claire, complète et adéquate des concepts fondateurs.

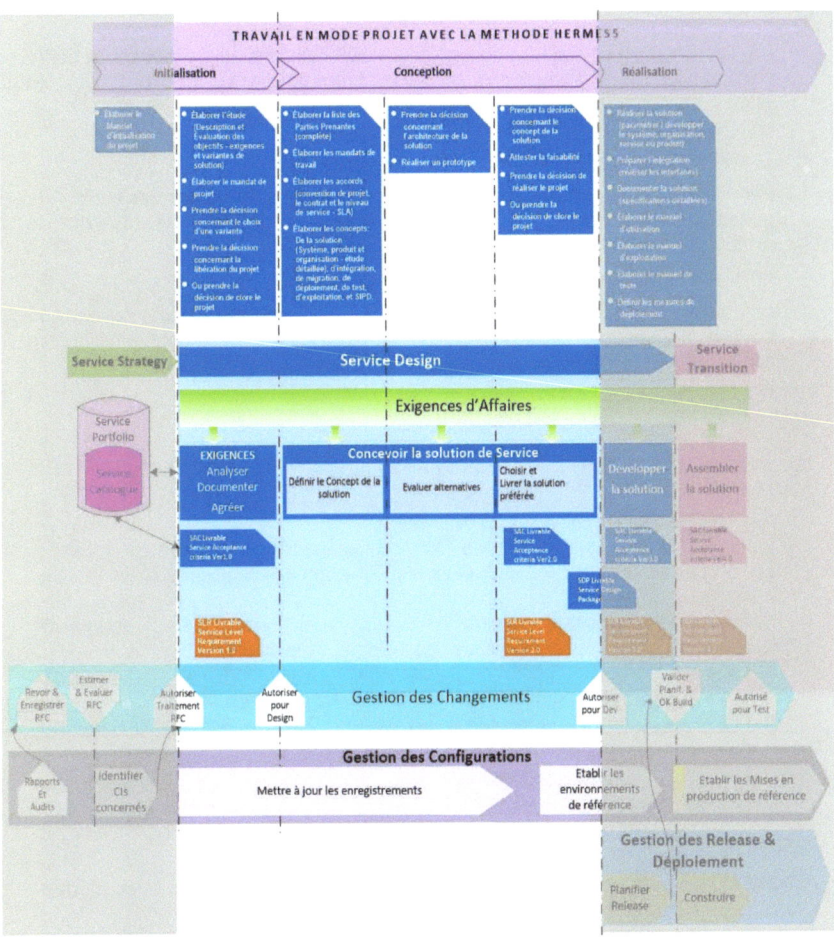

Il en résulte les différents points d'apport de Valeur pour les Métiers :

- Réduction des coûts :

    Le TCO - coût de possession ne peut être diminué que si tous les aspects des services, des processus et de la technologie sont conceptualisés correctement et mis en place en respect de ces concepts.

- Amélioration de la qualité des produits et services

    Tant la qualité des services que celle des opérations vont être renforcées vers des solutions mieux conceptualisées permettant de livrer les résultats requis par les Clients.

- Amélioration de la cohérence des produits et services

    Par un design qui répond à la stratégie d'entreprise, aux contraintes et à l'architecture existante.

- L'innovation et les changements sont facilités

  Par la production de package de services – SDP complets qui permettent de par la définition de tous les aspects d'un service informatique et ses exigences à toutes les étapes de son cycle de vie, de soutenir et cadrer des transitions efficaces et efficientes.

- Amélioration de la performance des produits et services

  Par la livraison de produits et services qui sont conçus pour remplir des critères de performance spécifiques et respecter et incorporer les plans de capacité, de disponibilité, de continuité, et les plans financiers.

- Amélioration de l'information pour prise de décisions

  Des mesures et métriques complètes et efficaces rapportées dans des tableaux de bord permettront de meilleures prises de décision, ainsi qu'une amélioration continue.

ITIL - Phase « Service Design »

Les principales activités ITIL liées aux livrables du projet, réalisées au cours de cette phase sont :
- Analyser les besoins convenus du business
- Revoir les services et l'infrastructure informatiques existants et produire des solutions de services alternatives, en considérant la réutilisation de composants et de services existants
- Concevoir des solutions de services en fonction des nouveaux besoins, en incluant leurs composants, listés ci-dessous, et documenter cette conception:
  - Les installations et les fonctionnalités nécessaires, et les informations requises pour la surveillance de la performance du service ou du processus,
  - Les processus business soutenus, les dépendances, les priorités, la criticité et l'impact du service, ainsi que les bénéfices business générés par le service,
  - Les cycles business et les variations saisonnières, et les niveaux de transaction du business associés, les niveaux de transaction du service, le nombre et les types d'utilisateurs et la croissance future anticipée, et les besoins de continuité du business,
  - Les exigences de niveau de service, les cibles de niveau de service et les activités nécessaires de mesure, de rapport et de revue de service,
  - Les échéanciers impliqués et les résultats prévus,
  - du nouveau service ainsi que l'impact sur les services existants,
  - Les besoins de tests, y compris les Tests d'Acceptation Utilisateur (UAT) et les responsabilités dans la gestion des résultats des tests.
- S'assurer que le contenu des Critères d'Acceptation du Service (SAC) est inclus et que les réalisations requises sont prévues dans la conception initiale.
- Évaluer et chiffrer des conceptions alternatives, en présentant les avantages et inconvénients de ces alternatives.
- Convenir de la dépense et des budgets.
- Réévaluer et confirmer les bénéfices business, en incluant le Retour sur Investissement (RoI) du service, y compris l'identification et la quantification de tous les coûts de services et de tous les bénéfices business et revenus supplémentaires. Les coûts devraient couvrir le Coût Total de Possession (TCO) du service et inclure les coûts de démarrage, tels que les coûts de conception, les coûts de transition, le budget

du projet et tous les frais courants d'exploitation incluant la gestion, le support et la maintenance.
- Convenir de la solution privilégiée et de ses résultats et objectifs prévus (Exigences de Niveau de Service (SLR)).
- Vérifier que la solution est équilibrée avec l'ensemble des stratégies, politiques, plans et documents architecturaux d'entreprise et informatiques. Si ce n'est pas le cas, il est nécessaire soit de revoir la solution, soit de reprendre la documentation stratégique (en tenant compte de l'effet engendré sur les autres documents stratégiques, services et composants) et dans la mesure du possible réutiliser ou exploiter les composants existants (par exemple des objets logiciels, des données d'entreprise, du matériel), à moins que la stratégie ne l'impose différemment. Le changement de stratégie impliquera une quantité significative de travail et sera réalisé conjointement avec la Stratégie des Services.
- S'assurer que l'ensemble des contrôles de sécurité et de gouvernance d'entreprise et informatique sont intégrés dans la solution.
- Évaluer la maturité de l'organisation informatique afin de s'assurer que le service peut effectivement être exploité pour atteindre les cibles convenues et que l'organisation dispose de l'aptitude à fournir le niveau de service convenu.

  Ceci comprend :
  - L'impact commercial sur l'organisation, à la fois d'un point de vue business et d'un point de vue informatique, incluant tous les bénéfices business et tous les coûts (autant les coûts ponctuels du projet que les coûts de fonctionnement annuels permanents) engagés pour la conception, le développement, l'exploitation courante et le support du service,
  - Évaluation et atténuation des risques liés au nouveau service ou au service modifié, en particulier en ce qui concerne l'exploitation, la sécurité, la disponibilité et la continuité du service,
  - L'aptitude et la maturité du business. Cette activité doit être menée par le business lui-même pour s'assurer que tous les processus appropriés, la structure, les personnes, les rôles, les responsabilités et les moyens sont en place pour exploiter le nouveau service,
  - L'aptitude et la maturité de l'informatique :
    - L'environnement et tous les secteurs technologiques ayant pris en considération l'impact sur les éléments existants de l'infrastructure et sur les services existants,
    - La structure organisationnelle de l'informatique et les rôles et responsabilités,
    - Les processus informatiques et leur documentation,
    - Les aptitudes, les connaissances et les compétences du personnel,
    - Les processus de gestion informatique et les outils les supportant,
- Les accords fournisseur et de support nécessaires pour maintenir et fournir le service.
- L'assemblage d'un Package de Conception des Services (SDP) pour la transition, l'exploitation et l'amélioration ultérieures de la solution du nouveau service ou du service modifié.

HERMES – Phase « Initialisation »

La phase « Initialisation » relie le niveau supérieur de la planification au niveau opérationnel de l'exécution et crée une situation de départ définie pour le projet, qui garantit que ses objectifs sont coordonnés avec les objectifs et les stratégies de l'organisation existante.

Cette phase sert à définir la base de référence, au départ d'un projet destiné à préparer les modifications ou les innovations pour des services informatiques ou des systèmes informatiques.

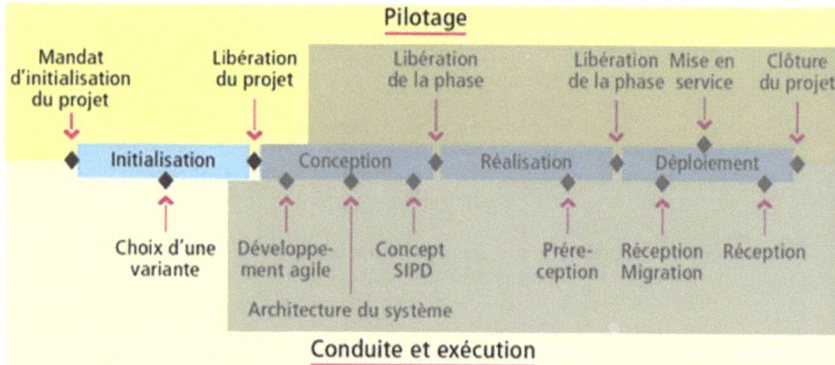

Durant l'initialisation, les bases et le mandat du projet sont élaborés, et la décision concernant sa libération du projet est prise.

Ainsi les premiers concepts sont définis dans le cadre de l'élaboration de l'étude, car les variantes sont définies sur la base des objectifs et des exigences. Les critères de l'évaluation sont définis. En font partie le degré d'atteinte des objectifs, la couverture des exigences et aussi le respect des prescriptions, la faisabilité, les risques, l'utilité, etc.

L'étude correspond au « business case » et montre l'utilité commerciale ainsi que la relation à la stratégie et aux objectifs de l'organisation permanente.

Concernant le module *Pilotage du projet*, les principales Tâches réalisées et Résultats obtenus au cours de cette phase sont :

Tâches	Responsable	Résultats	Production du résultat
Mandater et piloter l'initialisation	Mandant	Mandat d'initialisation du projet	Chef de projet
Prendre la décision concernant la libération du projet	Mandant	Liste de contrôle	Chef de projet
	Mandant	Mandat de projet	Chef de projet, Responsable de processus métier
	Mandant	Décision de pilotage du projet	Chef de projet, Membre du comité de pilotage, Gestionnaire de la qualité et des risques

Concernant le module *Conduite du projet*, les principales Tâches réalisées et Résultats obtenus au cours de cette phase sont :

Tâches	Responsable	Résultats	Production du résultat
Conduire et contrôler l'initialisation	Chef de projet	Mandat de travail	Chef de projet
	Chef de projet	Rapport d'état du projet	Chef de projet ou Développeur ou, Responsable du test
	Chef de projet	Procès-verbal	Chef de projet ou Développeur ou, Responsable du test
	Chef de projet	Liste des parties prenantes	Mandant, Business analyst, Responsable de processus métier
Prendre la décision concernant le choix d'une variante	Chef de projet	Liste de contrôle	Chef de projet
	Chef de projet	Décision de conduite et d'exécution du projet	Gestionnaire de la qualité et des risques
Élaborer le mandat de projet	Chef de projet	Plan de gestion du projet	Chef de projet
	Chef de projet	Mandat de projet	Chef de projet, Responsable de processus métier

Concernant le module *Bases du projet*, les principales Tâches réalisées et Résultats obtenus au cours de cette phase sont :

Tâches	Responsable	Résultats	Production du résultat
Élaborer l'étude	Chef de projet	Étude et définition des variantes de solution	Business analyst, Représentant des utilisateurs, Responsable de processus métier, Architecte informatique
Élaborer l'analyse des bases légales	Chef de projet	Analyse des bases légales	Responsable de processus métier

Guide HERMES 5 - ITIL v3 2011

Élaborer l'analyse des besoins de protection	Responsable SIPD	Analyse des besoins de protection	Chef de projet, Responsable de processus métier

Rôles et Résultats les points de convergence

Pour cette phase HERMES 5 « Initialisation », les résultats ITIL sont placés en perspective des résultats HERMES, ainsi est-il possible d'identifier les rôles principaux qui sont responsables de réaliser ces résultats.

Rôle HERMES responsable	Résultat HERMES	Phase ITIL	Processus ITIL	Rôle ITIL responsable	Output ITIL / Résultat	Remarques
Chef de projet	Étude	Service Design	Service Level Management	Service Level Manager	Service Level Requirements - en première version.	Pour HERMES, dans cette phase d'initialisation, dans le cadre de l'élaboration de l'étude, l'activité Élaborer les objectifs et les exigences, et les coordonner avec les parties prenantes. Les consigner dans l'étude, nécessite de prendre en compte l'existant (SLA déjà en place et donc les SAC inhérents). Pour ITIL, cela correspond à Analyser, Documenter et Agréer les Exigences des métiers et des utilisateurs.
					Service Acceptance Criteria - en première version.	

Chapitre 3 : Axes de Convergence   **25**

HERMES – Phase « Conception »

Puis la définition des concepts se poursuit lors de la phase de Conception

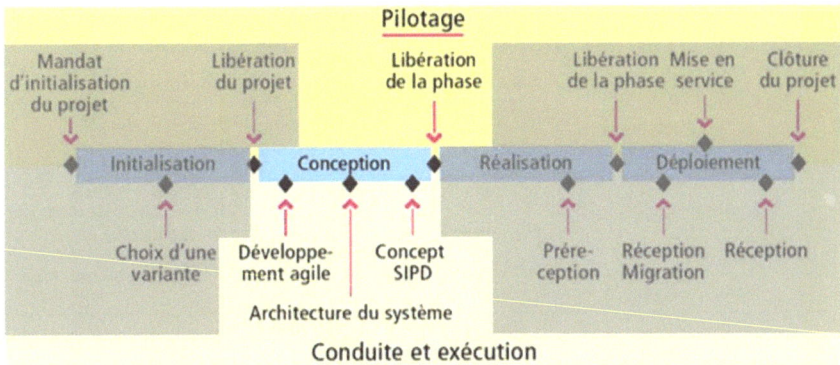

C'est dans cette phase que sera concrétisée la variante choisie préalablement dans la phase initialisation. Le travail de concrétisation aboutit à des résultats suffisamment détaillés pour que les participants au projet puissent planifier, faire une offre et réaliser le produit ou le système informatique sur une base fiable.

À la fin de la phase conception, on vérifie s'il est judicieux de réaliser le projet. Raisons possibles d'y mettre un terme: manque d'efficience, risques trop élevés, faisabilité irréaliste, manque de concordance avec les objectifs et les stratégies de l'organisation.

Les principales activités liées aux livrables du projet, réalisées au cours de cette phase sont répertoriés dans le tableau ci-après.

Phase Conception Module :	Tâche	Resp.	Résultat	Production du résultat
Achat	Élaborer le plan d'achat	Chef de projet	Plan de gestion du projet	Chef de projet
	Élaborer l'appel d'offres	Chef de projet	Dossier d'appel d'offres	Chef de projet
	Prendre la décision de lancer un appel d'offres	Mandant	Liste de contrôle	Chef de projet
		Mandant	Décision de pilotage du projet	Chef de projet, Membre du comité de pilotage, Gestionnaire de la qualité et des risques
	Procéder à l'appel d'offres	Chef de projet	Dossier d'appel d'offres	Chef de projet
		Chef de projet	Offre	Responsable de l'exploitation, Développeur
	Évaluer les offres	Chef de projet	Rapport d'évaluation	Chef de projet

Phase Conception Module :	Tâche	Resp.	Résultat	Production du résultat
		Chef de projet	Procès-verbal	Chef de projet
	Prendre la décision concernant l'adjudication	Mandant	Publication	Chef de projet
		Mandant	Liste de contrôle	Chef de projet
		Mandant	Décision de pilotage du projet	Chef de projet, Membre du comité de pilotage, Gestionnaire de la qualité et des risques
	Élaborer des accords	Chef de projet	Accord	Mandant, Chef de projet
Produit	Élaborer le concept du produit	Business analyst	Concept du produit	Représentant des utilisateurs
Structures de l'organisation	Élaborer le concept de l'organisation	Business analyst	Concept d'organisation	Représentant des utilisateurs, Responsable de processus métier
Organisation du déploiement	Élaborer le concept de déploiement	Chef de projet	Concept de déploiement	Business analyst, Représentant des utilisateurs, Responsable de processus métier
Système IT	Élaborer le concept du système	Architecte informatique	Analyse de la situation	Business analyst, Représentant des utilisateurs, Responsable de processus métier
		Architecte informatique	Exigences envers le système	Business analyst, Représentant des utilisateurs, Responsable de processus métier
		Architecte informatique	Étude détaillée	Business analyst, Représentant des utilisateurs, Développeur
		Architecte informatique	Architecture du système	Responsable de l'exploitation, Développeur, Architecte informatique
	Réaliser un prototype	Développeur	Prototype réalisé	Architecte informatique
		Développeur	Documentation du prototype	Architecte informatique
	Élaborer le concept d'intégration	Architecte informatique	Concept d'intégration	Responsable de l'exploitation, Business analyst, Développeur
	Prendre la décision concernant l'architecture du système	Chef de projet	Liste de contrôle	Chef de projet
		Chef de projet	Décision de conduite et	Gestionnaire de la qualité et des risques

Chapitre 3 : Axes de Convergence

Phase Conception Module :	Tâche	Resp.	Résultat	Production du résultat
			d'exécution du projet	
Exploitation informatique	Élaborer le concept d'exploitation	Responsable de l'exploitation	Concept d'exploitation	Responsable d'application, Architecte informatique
		Responsable d'exploitation	Accord OLA	Mandant, Chef de projet
Migration informatique	Élaborer le concept de migration	Architecte informatique	Concept de migration	Business analyst, Développeur
Test	Élaborer le concept de test	Responsable du test	Concept de test	Testeur, Responsable de l'exploitation, Business analyst, Développeur
Sûreté de l'information et protection des données	Élaborer le concept SIPD	Responsable SIPD	Concept SIPD	Responsable de l'exploitation, Responsable SIPD, Responsable d'application, Architecte informatique
	Prendre la décision concernant le concept SIPD	Chef de projet	Liste de contrôle	Chef de projet
		Chef de projet	Décision de conduite et d'exécution du projet	Gestionnaire de la qualité et des risques
Développer avec SCRUM	Prendre la décision concernant le développement agile avec SCRUM	Chef de projet	Liste de contrôle	Chef de projet
		Chef de projet	Décision de conduite et d'exécution du projet	Gestionnaire de la qualité et des risques
	Déployer SCRUM	Chef de projet	Plan de gestion du projet	Chef de projet
	Gérer le Product backlog	Chef de projet	Product backlog	Business analyst, Développeur
	Élaborer le plan de release	Développeur	Plan de release	Responsable de l'exploitation, Business analyst
	Exécuter un sprint	Développeur	Sprint backlog	Business analyst
		Développeur	Incrément	Développeur
		Développeur	Procès-verbal	Chef de projet

HERMES – Phase « Conception » : Convergence Rôles et Résultats

Rôle HERMES responsable	Résultat HERMES	Phase ITIL	Processus ITIL	Rôle ITIL responsable	Output ITIL / Résultat	Remarques
Chef de Projet	Accord	Service Design	Supplier Management	Supplier Manager	Underpinning Contracts	Not available
Business Analyst	Concept du produit	Service Design	Service Design Process: Availability, Capacity, Service Continuitiy, Security, with Service Operation Process supporting Service	Designer / Achitect	Service Design Package that defines the requirements from the business/customer for the service	Pour ITIL, l'équivalent est le Service Design Package, qui définit les exigences du point de vue du Client et de l'utilisateur. Alors que les Exigences envers le système concernent les CIs de type produit qui est spécifié à un niveau de détail inférieur, dans le cadre du catalogue des services Techniques.
Business Analyst	Concept d'organisation	Service Design	aucun processus	aucun rôle en particulier	Interface and dependency management and planning	Not available
Chef de Projet	Concept de Déploiement	Service Transition	Release and Deployment Management	Release and Deployment Manager	Management of suppliers and contracts	Not available
Chef de Projet	Concept de Déploiement	Service Transition	Transition planning and support	Service Transition Manager	Management of teams, resources, tools, technology, budgets, facilities required	Not available

Chapitre 3 : Axes de Convergence

Rôle HERMES responsable	Résultat HERMES	Phase ITIL	Processus ITIL	Rôle ITIL responsable	Output ITIL / Résultat	Remarques
Architecte informatique	Exigences envers le système	Service Design	Service Design Process: Availability, Capacity, Service Continuitiy, Security, with Service Operation Process supporting Service	Designer / Achitect	Service Design Package that defines the requirements from the business/customer for the service	Les exigences du système HERMES vont au-delà de celles requise au Niveau de Service ITIL. En effet, ITIL capture l'exigence principalement du point de vue du client et de l'utilisateur, Alors que les Exigences envers le système concernent les CIs de type produit qui est spécifié à un niveau de détail inférieur, dans le cadre du catalogue des services Techniques.
Architecte informatique	Architecture du système	Service Design	Service Design process: Availability, Capacity, Service Continuitiy, Security and ST-Knowledge mgnt	Designer / Achitect	Service Design Package: Interfaces and dependencies with other services	Not available
Architecte informatique	Concept d'intégration et d'interfaces	Service Design	Service Design process: Availability, Capacity, Service Continuity, Security and ST-Knowledge	Designer / Achitect	Service Design Package: Interfaces and dependencies with other services	Not available
Resp. de processus métier	Concept d'exploitation	Service Design	Service Design process	Service Design Manager	Service Design Package: Interface and dependency management and planning	Not available

Rôle HERMES responsable	Résultat HERMES	Phase ITIL	Processus ITIL	Rôle ITIL responsable	Output ITIL / Résultat	Remarques
Resp. de processus métier	Concept d'exploitation	Service Design	Service Design process	Service Design Manager	Service Operational Acceptance Plan: Overall operational strategy, objectives, policy, risk assessment and plans including	Not available
Architecte informatique	Concept de la migration	Service Design	Transition planning and support	Designer / Achitect	IDEM ci-dessus	Not available
Architecte informatique	Concept de la migration	Service Transition	Transition Planning and Support	Designer / Achitect	Integrated set of service transition plans	Not available
Architecte informatique	Concept de la migration	Service Transition	Transition Planning and Support	Designer / Achitect	Transition strategy	Not available
Resp. de la Qualtié	Concept de test	Service Design	aucun processus	aucun rôle en particulier	Testing policy, plans and requirements including test environments technology, tools, processes, methods and mechanisms, including platforms	Not available
Resp. SIPD	Concept d'urgence dans le concept SIPD	Service Design	IT Service Continuity Management	ITSC Manager	ITSCM Plans	Not available
Resp. SIPD	Concept SIPD	Service Design	Information Security Management	Security Manager	Policies, processes and procedures for managing partners and suppliers and their access to services and information	Not available

Chapitre 3 : Axes de Convergence

Rôle HERMES responsable	Résultat HERMES	Phase ITIL	Processus ITIL	Rôle ITIL responsable	Output ITIL / Résultat	Remarques
Resp. SIPD	Concept SIPD	Service Design	Information Security Management	Security Manager	Security Controls	Not available
Resp. SIPD	Concept SIPD	Service Design	Information Security Management	Security Manager	Security Management Information System (SMIS)	Not available
Resp. SIPD	Concept SIPD	Service Design	Information Security Management	Security Manager	Security test schedules and plans	Not available
Resp. de la Qualtié	Plan de Test	Service Design	Service Design process: Availability, Capacity, Service Continuity, Security and ST-Knowledge	Designer / Achitect	Testing policy, plans and requirements including test environments technology, tools, processes, methods and mechanisms, including platforms	Not available
Resp. de la Qualtié	Procédure de Test Et Spécification des tests	Service Design	Service Design process: Availability, Capacity, Service Continuity, Security and ST-Knowledge	Designer / Achitect	Full testing process covering all aspects	Testing must include: Functional testing, Component Testing, including all suppliers, contracts and externally provided supporting products and services/User acceptance and usability testing system compatibility and integration testing/Service and component performance and capacity testing/Resilience and continuity testing/ Failure, alarm and event categorization, processing and testing/Service and component,
Resp. de la Qualtié	Procédure de Test Et Spécification des tests	Service Design	Service Design process: Availability, Capacity, Service Continuity, Security and ST-Knowledge	Designer / Achitect	Full testing process covering all aspects	

Rôle HERMES responsable	Résultat HERMES	Phase ITIL	Processus ITIL	Rôle ITIL responsable	Output ITIL / Résultat	Remarques
						security and integrity testing/Logistics, release and distribution testing Management testing, including control, monitoring, measuring and reporting, together with backup, recovery and all batch.

Convergence dans les phases de réalisation de la solution et préparation à sa transition en production

Dans les chapitres précédents, il a été précisé comment choisir et décider les produits et services susceptibles de répondre aux objectifs stratégiques, puis procéder à une conception de ceux-ci en réponse aux exigences des Métiers.

Il est temps maintenant de s'assurer que ces produits et services nouveaux, modifiés ou retirés, seront correctement préparés à être introduit dans les environnements de production, d'une part...

Bénéfice attendu : Contrôler les risques liés à la transition d'un état de l'organisation vers un autre état, et aider à faire connaître l'organisation (documentation) pour faciliter les prises de décisions.

En effet, une préparation complète de la transition, avec une planification de tous ses aspects, ainsi qu'une documentation de tous les éléments impactés comprenant leurs états actuels et prévus (après la transition), ainsi que les plans de retour arrière en cas d'imprévus, permettront de diminuer les risques et de faciliter les prises de décisions liées à l'intégration des innovations dans les environnements contrôlés.

...Et d'autre part, il faut veiller à ce que le transfert de la valeur pour les Métiers, identifiée dans la stratégie, et encodée lors de la conception (sous forme *d'utility* et *warranty*) soit effectué de manière efficace.

Bénéfice attendu : Concrétisation de la valeur attendue pour les Métiers.

En effet, si la transition est réussie, il sera alors possible de garantir la concrétisation de cette valeur attendue par les Métiers, dans le cadre des opérations au sein de l'exploitation.

Dès-lors, les principaux objectifs encourus pour réussir une bonne transition sont en relation avec les processus ITIL *Transition - Planning et support, Change management et Service Assets and Configurations Management* :

- o Planifier et gérer de manière efficace et efficiente les changements liés aux produits et services :

    Une planification et un soutien efficace de la transition peuvent améliorer de façon significative la prise en main d'un important volume de changements et de mises en production issus de l'ensemble des Clients internes et externes.

Chapitre 3 : Axes de Convergence

Une approche intégrée de la planification améliore l'alignement des plans de transition des produits et services avec les plans de changement des Clients, des fournisseurs et des Métiers.

- Gérer les risques en relation avec les produits et services nouveaux, modifiés ou retirés

La fiabilité et la continuité sont essentielles pour garantir le succès et la survie de toute organisation. Les changements apportés à l'infrastructure et aux services peuvent avoir des impacts négatifs pour les Métiers, lorsqu'ils sont source d'arrêts de production ou d'attentes dans l'identification des exigences.

La gestion des changements prévoit l'analyse de l'impact d'une demande de changement vis-à-vis des Métiers, ainsi que l'estimation des risques associés à l'introduction et la mise à disposition de celui-ci, afin de déployer avec succès les versions des produits et services au sein des environnements d'exploitation sous maintenance.

Une bonne gestion des changements va :
- Permettre de réduire les échecs et donc les arrêts de production, les défauts et les travaux à refaire.
- Réduire le nombre des changements non autorisés, conduisant à réduire les arrêts de production ainsi que le temps de résolution des incidents en relation.
- Définir les attentes correctes sur la performance et l'utilisation des produits et services nouveaux ou changés :
  - Par la mise en place de changements qui correspondent aux exigences convenues par les clients tout en optimisant leurs coûts.
- S'assurer que les changements apportés aux produits et services créent réellement la valeur attendue par les Métiers :
  - Par la mise à disposition des changements dans des délais en concordance avec les plannings des Métiers.
- Fournir des connaissances et des informations de bonne qualité au sujet des produits et services (et actifs de service).
  - Pour aider les informaticiens à comprendre la configuration et identifier de façon exhaustive tous les liens existants entre l'innovation voulue et les éléments de configuration concernés par celle-ci.
  - Pour améliorer l'évaluation, la planification et la livraison des changements et des mises en production.
  - Pour fournir des niveaux de services et des garanties.
  - Pour garantir la traçabilité des changements depuis les exigences, et en identifier les coûts (cumulés sur toute la chaîne des éléments liés).

HERMES – Phase « Réalisation »

Dans la phase « Réalisation » de HERMES, les travaux de préparation nécessaires sont effectués pour minimiser les risques inhérents au déploiement :
- Le produit ou le système informatique est réalisé.
- L'organisation ainsi que l'organisation d'exploitation sont réalisées et la documentation est élaborée.
- La solution informatique et l'infrastructure de l'exploitation sont intégrées,
- La réception préliminaire est effectuée.
- Le déploiement est préparé sur la base du concept de déploiement.

- Suivant le scénario, des tests sont exécutés et la migration est préparée.
- La décision de libérer le déploiement est prise. Elle se base sur la décision concernant la réception préliminaire.
- Les moyens nécessaires pour la phase suivante sont libérés sur la base du plan concrétisé de gestion du projet.

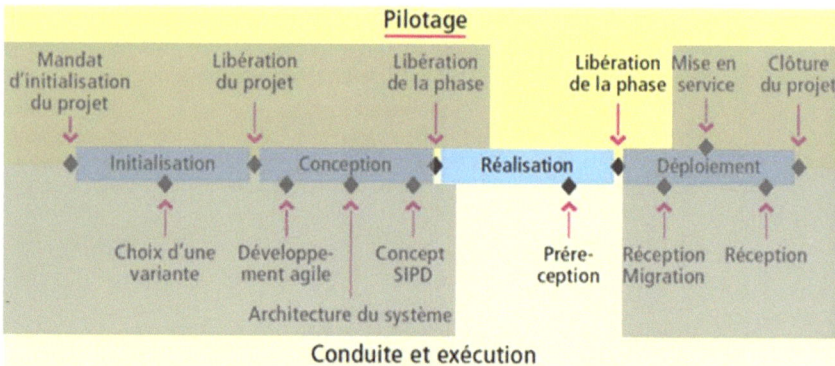

À la fin de la phase réalisation, les risques inhérents au déploiement doivent être évalués et se révéler acceptables. Dans le cas contraire, le déploiement ne peut pas avoir lieu.

Dès-lors, pour HERMES, les principales activités liées aux livrables du projet, réalisées au cours de cette partie de la phase « Réalisation » sont :

Phase Réalisation Module	Tâche	Resp.	Résultats	Production du résultat
Exploitation informatique	Intégrer le système dans l'environnement d'exploitation	Responsable de l'exploitation	Manuel d'exploitation	Responsable de l'exploitation
Exploitation informatique	Intégrer le système dans l'environnement d'exploitation	Responsable de l'exploitation	Système intégré	Développeur
Produit	Réaliser le produit	Développeur	Documentation du produit	Développeur
Structures Organisationnelles	Produire l'organisation	Business analyst	Description de processus	Représentant des utilisateurs, Responsable de processus métier
Structures de l'Organisation	Produire l'organisation	Business analyst	Description de l'organisation	Représentant des utilisateurs, Responsable de processus métier
Sûreté de l'information et protection des données	Mettre en œuvre le concept SIPD	Chef de projet	Mesures SIPD	Responsable de l'exploitation, Responsable SIPD, Développeur

Chapitre 3 : Axes de Convergence **35**

Phase Réalisation Module	Tâche	Resp.	Résultats	Production du résultat
Sûreté de l'information et protection des données	Mettre en œuvre le concept SIPD	Chef de projet	Concept SIPD	Responsable de l'exploitation, Responsable SIPD, Responsable d'application, Architecte informatique
Système IT	Préparer l'intégration du système	Développeur	Architecture du système	Responsable de l'exploitation, Développeur, Architecte informatique
Système IT	Préparer l'intégration du système	Développeur	Guide d'intégration et d'installation	Responsable de l'exploitation
Système IT	Préparer l'intégration du système	Développeur	Spécification détaillée	Business analyst, Architecte informatique
Système IT	Réaliser le système	Développeur	Spécification détaillée	Business analyst, Architecte informatique
Système IT	Réaliser un prototype	Développeur	Prototype réalisé	Architecte informatique
Système IT	Réaliser un prototype	Développeur	Documentation du prototype	Architecte informatique
Test	Mettre en place l'infrastructure de test	Responsable de l'exploitation	Système de test	Responsable du test
Test	Mettre en place l'infrastructure de test	Responsable de l'exploitation	Données de test	Business analyst, Responsable du test

La phase HERMES « Réalisation » est à cheval sur deux phases ITIL. De ce fait, nous allons identifier les convergences en deux fois, soit durant :
1. La fin de la phase ITIL Service Design – Développer la solution de service
2. La phase ITIL Service Transition – Assembler et tester la solution.

Les deux paragraphes qui suivent illustrent le rôle de l'équipe projet dans cette activité de fourniture de services informatiques nouveaux ou modifiés, et **ses relations aux activités de réalisation.**

ITIL – Phase Service Design – Développer la solution

En ce qui concerne le modèle ITIL-V3, dans le cycle de vie d'un projet destiné à préparer des modifications ou innovations qui doivent être apportées aux services informatiques, la définition de la solution est principalement effectuée lors de la phase Service Design.

Les principales activités ITIL liées aux livrables du projet, réalisées au cours de cette phase sont :
- **Intégrer les plans** pour la mise en production et le déploiement dans le plan global de transition des services (suivre le modèle retenu pour les mises en production et les déploiements s'il existe),
- **Élaborer les documentations** de mise en production et de construction,

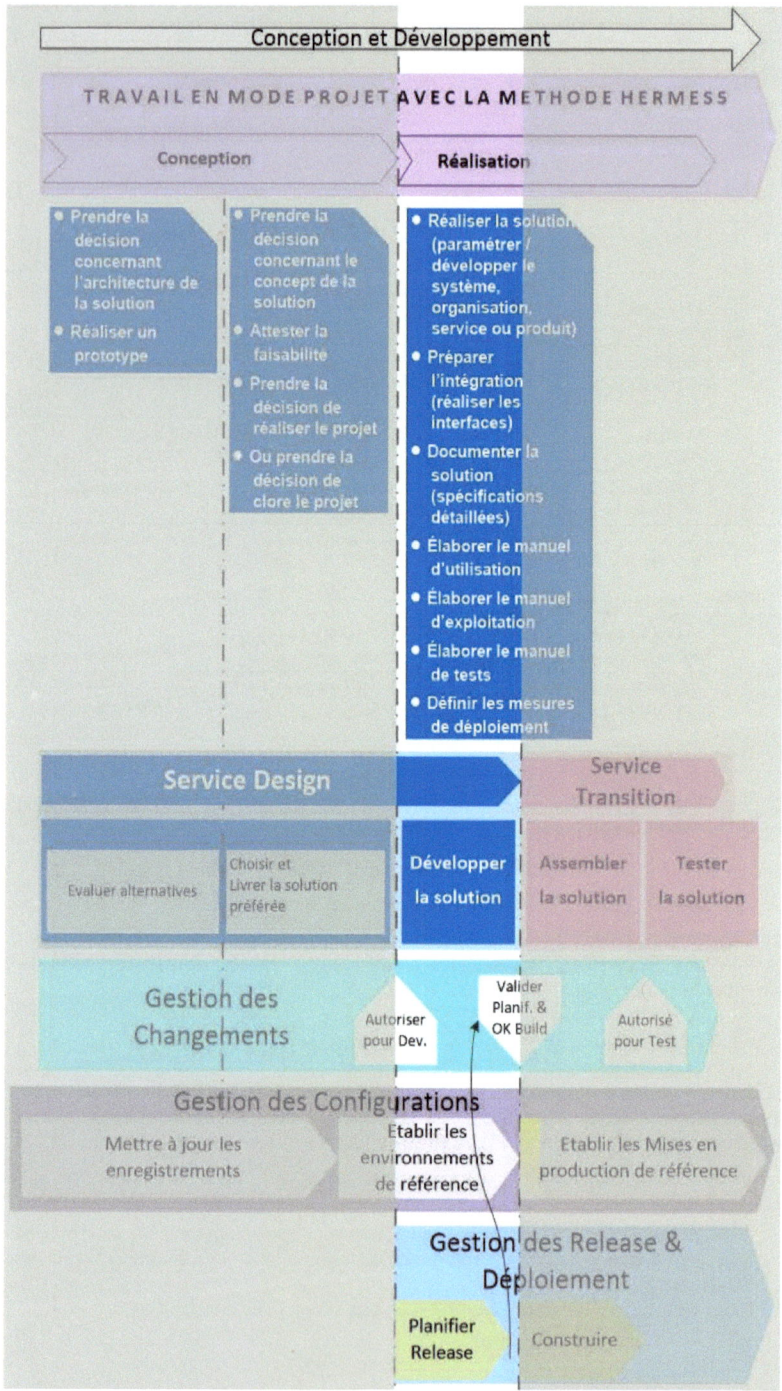

Chapitre 3 : Axes de Convergence   **37**

- **Faire valider les plans et la documentation** de mise en production et de construction par la Gestion des Changements : Les plans de mise en production et de déploiement doivent être validés par la Gestion des Changements,
- **Attribuer les ressources**, dans les rôles et les responsabilités pour effectuer les activités principales, par exemple :
  - Procédures et contrôles de sécurité
  - Support technique
- **Planifier la mise en production** : Une gestion de projet rigoureuse doit être assurée pour éviter tout conflit et assurer que les composants développés par les différentes activités de développement seront compatibles.
  - Développement de plans de construction à partir du SDP, des spécifications de conception et des besoins de configuration de l'environnement,
  - **Établissement de la logistique**, des délais et des temps de construction pour mettre en place les environnements,
  - **Définir le programme de projets**, s'il s'agit d'un changement de service majeur à développer. Chaque plan ou projet, dans le cadre du programme, sera responsable de fournir un ou plusieurs composants du service et inclura :
    - les besoins du business,
    - la stratégie à adopter pour le développement et/ou l'achat de la solution,
    - la dimension temporelle,
    - les ressources nécessaires, en tenant compte des moyens, des infrastructures informatiques, et des compétences du personnel afin de garantir que le service fourni correspond aux besoins du client,
    - le développement du service et de ses éléments constitutifs, y compris la gestion et les autres mécanismes opérationnels tels que les mesures, la surveillance et les rapports,
    - les plans de tests du service et des composants.
  - Planifier les activités de construction et de tests.

ITIL - Phase Service Transition - Assembler - Tester solution

Puis la préparation de la solution est effectuée au début de la phase Service Transition, lors de laquelle les éléments de la solution sont assemblés et testés afin d'être prêts à la mise en production.

Les principales activités ITIL liées aux livrables du projet, réalisées au cours de cette phase sont :

- Planification et support à la transition des services,
- Assembler les constituants de la mise en production,
- Définir et valider les livrables de construction et les critères de validation,
- Préparer les environnements de construction et de tests,
- Construire la mise en production,
- Tester la mise en production
  - Tests de la construction et des procédures associées
  - Gestion des bases de données et données de tests
  - Gestion des actifs logiciels et des licences,
- Gérer les Configurations — gestion des audits de configuration, des masters de déploiements et des bases de référence.

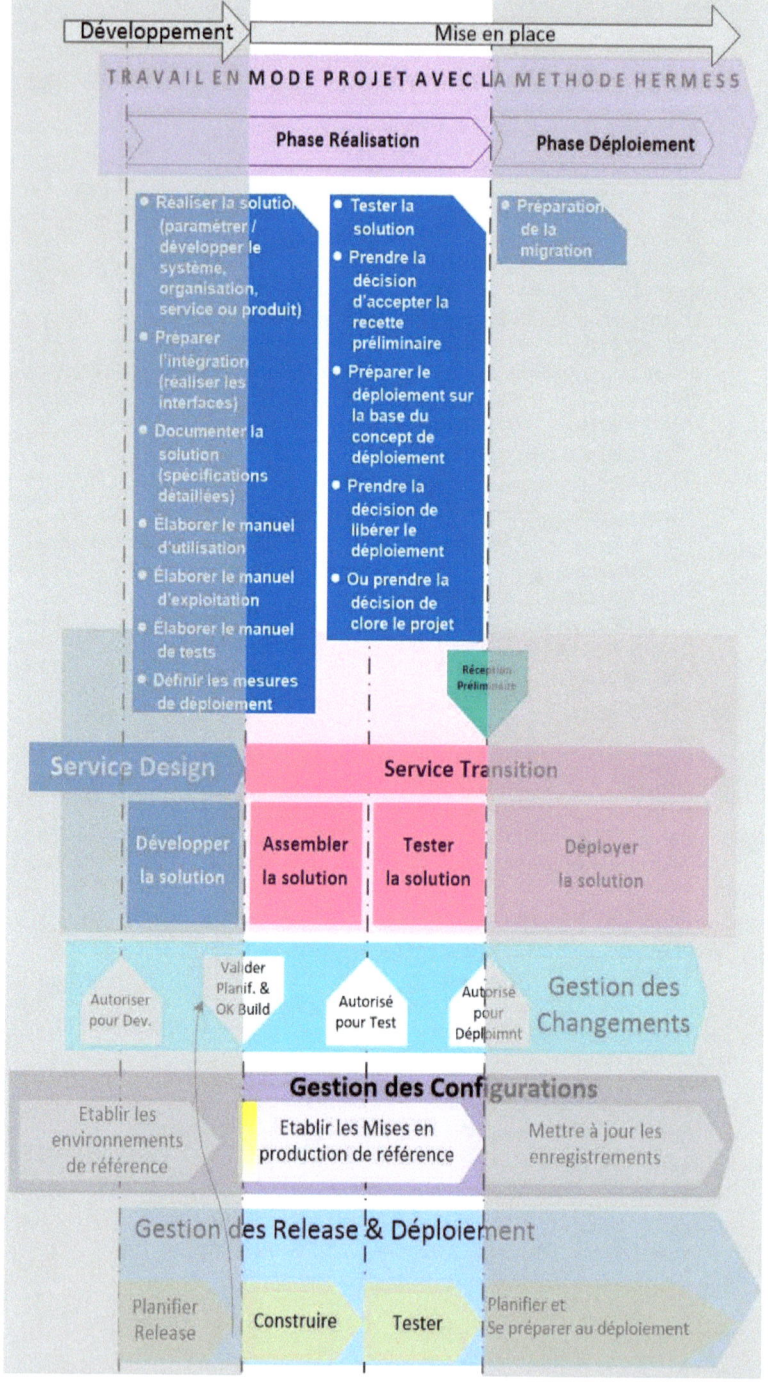

Rôles et Résultats les points de convergence

Le tableau suivant présente les rôles ITIL en relation avec les rôles HERMES responsables des principaux résultats de la phase HERMES « Réalisation ».

Rôle HERMES responsable	Résultat HERMES	Phase ITIL	Processus ITIL	Rôle ITIL responsable	Output ITIL / Résultat	Remarques
Business analyst	Description de l'organisation	Service Transition	All ST Process	Transition Mgr	Service Organizational assets	aucune
Business analyst	Description de processus	Service Transition	All ST Process	Transition Mgr	Service Organizational assets	aucune
Chef de projet	Mesures SIPD	Service Transition	All ST Process	Transition Mgr	Service Security warranty	aucune
Développeur	Architecture du système	Service Transition	Change, SACM and Release & Deployment	Transition Mgr	Service infrastructure	Interfaces and dependencies with other services
Développeur	Documentation du produit	Service Transition	Change, SACM, Release & Deployment and Validation & Test	Transition Mgr	Service Documentation assets	aucune
Développeur	Guide d'intégration et d'installation	Service Transition	Change, SACM, Release & Deployment and Validation & Test	Transition Mgr	Service Documentation assets	aucune
Développeur	Spécification détaillée	Service Transition	Change, SACM, Release & Deployment and Validation & Test	Transition Mgr	Service Documentation assets	aucune
Développeur	Spécification détaillée	Service Transition	Change, SACM, Release & Deployment and Validation & Test	Transition Mgr	Service Documentation assets	aucune
Responsable de l'exploitation	Manuel d'exploitation	Service Transition	Change, SACM, Release & Deployment and Validation & Test	Transition Mgr	Service Documentation assets	aucune

Rôle HERMES responsable	Résultat HERMES	Phase ITIL	Processus ITIL	Rôle ITIL responsable	Output ITIL / Résultat	Remarques
Développeur	Documentation du prototype	Service Transition	Change, SACM, Release & Deployment and Validation & Test	Transition Mgr	Service Documentation assets	aucune
Développeur	Interfaces réalisées	Service Transition	Change, SACM and Release & Deployment	Transition Mgr	Service infrastructure	aucune
Développeur	Plan de release	Service Transition	Change, SACM, Release & Deployment and Validation & Test	Transition Mgr	Service Documentation assets	aucune
Développeur	Système développé / paramétré	Service Transition	Change, SACM, Release & Deployment and Validation & Test	Transition Mgr	Service Documentation assets	aucune
Responsable de l'exploitation	Infrastructure d'exploitation réalisée	Service Transition	Change, SACM and Release & Deployment	Transition Mgr	Service infrastructure	aucune
Responsable de l'exploitation	Système intégré	Service Transition	Change, SACM and Release & Deployment	Transition Mgr	Service infrastructure	aucune
Responsable du test	Procès-verbal de test	Service Transition	Change, SACM, Release & Deployment and Validation & Test	Transition Mgr	Service Documentation assets	Events, reports, service issues, including all changes, releases, resolved incidents, problems and known errors, included within the service and any errors, issues or non-conformances within the new service
Chef de projet	Procès-verbal de réception	Service Transition	Change, SACM, Release & Deployment and	Transition Mgr	Service Documentation assets	aucune

Rôle HERMES responsable	Résultat HERMES	Phase ITIL	Processus ITIL	Rôle ITIL responsable	Output ITIL / Résultat	Remarques
			Validation & Test			
Développeur	Architecture du système (actualisée)	Service Transition	Change, SACM, Release & Deployment and Validation & Test	Transition Mgr	Service Documentation assets	Service Design Package: Interfaces and dependencies with other services
Développeur	Manuel d'utilisation	Service Transition	Change, SACM, Release & Deployment and Validation & Test	Transition Mgr	Service Documentation assets	aucune
Développeur	Prototype réalisé	Service Transition	Change, SACM and Release & Deployment	Transition Mgr	Service Package	aucune
Responsable de l'exploitation	Données de test	Service Transition	Change, SACM and Release & Deployment	Transition Mgr	Service Package	aucune
Responsable de l'exploitation	Manuel d'exploitation	Service Transition	Change, SACM, Release & Deployment and Validation & Test	Transition Mgr	Service Documentation assets	aucune
Responsable de l'exploitation	Organisation de l'exploitation réalisée	Service Transition	Change, SACM and Release & Deployment	Transition Mgr	Service Package	aucune
Responsable de l'exploitation	Système de test	Service Transition	Change, SACM and Release & Deployment	Transition Mgr	Service Package	aucune
Développeur	Procédure de migration	Service Transition	All ST Process	Transition Mgr	Service Organizational assets	aucune
Développeur	Spécification détaillée	Service Transition	All ST Process	Transition Mgr	Service Package	aucune
Chef de projet	Mesures de déploiement exécutées	Service Transition	All ST Process	Transition Mgr	Service Package	aucune

Convergence dans les phases de déploiement de la solution et de sa mise à disposition des utilisateurs

Il est temps d'identifier les axes de Convergence qui permettent de développer et améliorer les capacités afin de s'assurer que les produits et services nouveaux, modifiés ou retirés, seront correctement introduits dans les environnements de production et mis à disposition des utilisateurs.

Bénéfices attendus : Mise à disposition de l'innovation exigée à temps et sous contrôle.

Par une bonne planification, un bon agenda et un fort contrôle apportés à la construction, aux tests puis au déploiement des versions de mises en production, et par la livraison des nouvelles fonctionnalités requises par les Métiers, tout en protégeant l'intégrité des services existants.

Dès-lors, les principaux objectifs encourus pour réussir une bonne introduction sont en relation avec les processus ITIL : *Release and Deployment management, Service Validation and Testing management, Change Evaluation et Knowledge management*

Pour ce qui concerne les processus ITIL *Release and Deployment management* :

Bénéfices attendus : Une Gestion des Déploiements et des Mises en Production efficace permet au fournisseur de services d'apporter de la valeur au business par :
- o la mise en œuvre des changements, plus rapidement, à un coût optimum et avec des risques réduits au minimum,
- o l'assurance que les clients et les utilisateurs peuvent utiliser le nouveau service, ou le service modifié, d'une manière qui permette de soutenir les objectifs business,
- o l'amélioration de la cohérence de l'approche de mise en œuvre pour l'ensemble des changements business, des équipes services, des fournisseurs et des clients,
- o une contribution aux besoins d'audit de la traçabilité tout au long de la transition des services.

Pour ce qui concerne les processus ITIL *Service Validation and Testing* :

Bénéfices attendus : Établir la confiance en l'innovation accompagnée d'une compréhension claire des risques associés :

Établir la confiance dans le fait que l'innovation va livrer la valeur et les résultats requis tout en ayant une claire compréhension des risques associés. **Le succès des tests** *dépend de la compréhension, de la part de toutes les parties, du fait que ces tests ne peuvent pas garantir, mais offrir un degré mesuré de confiance.*

Le degré de confiance exigé varie dépendamment des exigences des Clients des Métiers et de la pression sur l'organisation.

Pour ce qui concerne le processus ITIL *Change Evaluation* :

Bénéfices attendus : Évaluation de la valeur réelle livrée :

L'évaluation spécifique de l'efficacité du changement va établir l'utilisation faite des ressources en termes de prestation offerte, et ces informations permettront une orientation plus précise sur la valeur dans le développement des services futurs et la gestion du changement.

Il y va d'une grande intelligence que l'amélioration constante du service permette d'identifier depuis l'évaluation de la valeur livrée par les changements pour informer les futures améliorations au processus de changement et les prédictions et mesure de la performance du changement de service.

Pour ce qui concerne le processus ITIL *Knowledge Management* :

Bénéfices attendus : Une gestion des connaissances, des informations et données nécessaires à la livraison des produits et services, dont l'accès est sécurisé et contrôlé :
- o Les utilisateurs, le service desk, les équipes de support et les fournisseurs ont une compréhension claire de l'innovation, inclus les erreurs connues avant le déploiement, afin de faciliter les rôles dans les services,
- o Prise de conscience de l'utilisation de l'innovation apportée aux produits et services, et de l'arrêt des versions précédentes,
- o Établissement d'un niveau de risque acceptable et du niveau de confiance associé à la transition.

HERMES - Phase « Déploiement »

La transition de l'ancien au nouvel état est garantie. L'exploitation commence, avec l'assistance du projet jusqu'à ce qu'elle soit stable.
- Les mesures de déploiement, telles que la formation des utilisateurs, sont exécutées.
- L'exploitation est préparée et le produit ou le système informatique ainsi que l'organisation et l'organisation d'exploitation sont activés.
- Pendant la première période d'exploitation, le projet soutient l'analyse et la suppression des problèmes.
- Suivant le scénario, une migration est exécutée et l'ancien système est mis hors service.
- Dans les projets informatiques, les résultats du projet ainsi que les systèmes et processus de test sont remis à l'organisation d'exploitation et de maintenance.

À la fin de la phase déploiement, quand les résultats du projet ont été mis en service avec succès et que leur réception a abouti à une décision positive, le projet est finalisé.

L'appréciation finale du projet est élaborée. Les points en suspens sont transmis à l'organisation permanente, l'organisation du projet est dissoute et le projet est clos.

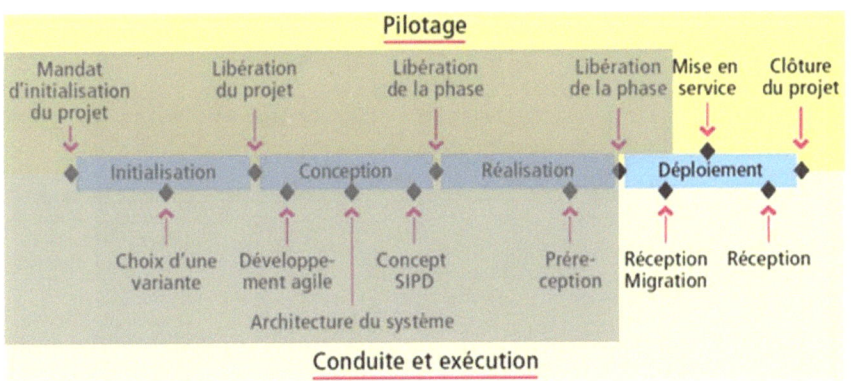

Pour HERMES, les principales activités liées aux livrables du projet, réalisées au cours de cette partie de la phase « Déploiement » sont :

Phase Déploiement Module	Tâche	Resp.	Résultats	Production du résultat
Produit	Activer le produit	Développeur	Produit activé	Responsable de l'exploitation
Structures de l'organisation	Activer l'organisation	Business analyst	Organisation activée	Représentant des utilisateurs, Responsable de processus métier
Organisation du déploiement	Déployer le système	Chef de projet	Mesures de déploiement exécutées	Business analyst, Responsable de processus métier
	Prendre la décision concernant la mise en service	Mandant	Liste de contrôle	Chef de projet
		Mandant	Décision de pilotage du projet	Chef de projet, Membre du comité de pilotage, Gestionnaire de la qualité et des risques
	Prendre la décision concernant la réception	Chef de projet	Procès-verbal de réception	Responsable de l'exploitation, Représentant des utilisateurs, Responsable d'application, Développeur, Gestionnaire de la qualité et des risques
		Chef de projet	Liste de contrôle	Chef de projet
		Chef de projet	Décision de conduite et d'exécution du projet	Gestionnaire de la qualité et des risques
Système IT	Activer le système	Développeur	Système activé	Responsable de l'exploitation, Business analyst, Responsable d'application
Exploitation informatique	Démarrer l'exploitation	Responsable de l'exploitation	Manuel d'exploitation	Responsable de l'exploitation
		Responsable de l'exploitation	Exploitation activée	Responsable d'application, Développeur
Migration informatique	Exécuter la migration	Développeur	Migration exécutée	Responsable de l'exploitation, Business analyst, Responsable d'application, Développeur
	Prendre la décision concernant la migration	Chef de projet	Procès-verbal de réception	Responsable de l'exploitation, Représentant des utilisateurs, Responsable d'application, Développeur, Gestionnaire de la qualité et des risques
		Chef de projet	Liste de contrôle	Chef de projet

Chapitre 3 : Axes de Convergence

Phase Déploiement Module	Tâche	Resp.	Résultats	Production du résultat
		Chef de projet	Décision de conduite et d'exécution du projet	Gestionnaire de la qualité et des risques
	Mettre l'ancien système hors service	Architecte informatique	Ancien système hors service	Responsable de l'exploitation, Business analyst
Test	Exécuter les tests	Responsable du test	Procès-verbal de test	Testeur
		Responsable du test	Concept de test	Testeur, Responsable de l'exploitation, Business analyst, Développeur
	Transférer le concept et l'infrastructure de test	Responsable du test	Procès-verbal	Chef de projet
Développement agile	Gérer le Product backlog	Chef de projet	Product backlog	Business analyst, Développeur
	Elaborer le plan de release	Développeur	Plan de release	Responsable de l'exploitation, Business analyst
	Exécuter un sprint	Développeur	Sprint backlog	Business analyst
		Développeur	Incrément	Développeur
		Développeur	Procès-verbal	Chef de projet
Sûreté de l'information et protection des données	Transférer le concept SIPD	Responsable SIPD	Concept SIPD	Responsable de l'exploitation, Responsable SIPD, Responsable d'application, Architecte informatique
		Responsable SIPD	Liste de contrôle	Chef de projet

La phase HERMES « Déploiement » est à cheval sur deux phases ITIL. De ce fait, nous allons identifier les convergences en deux fois, soit durant :

1. La fin de la phase ITIL Service Transition – Déployer la solution de service
2. La phase ITIL Service Operation – Early Life Support.

ITIL – Phase Service Transition – Déployer la solution

Le respect d'un processus d'introduction uniforme permet d'atteindre les objectifs suivants :
- protéger l'environnement productif contre toute intervention non planifiée et non désirée,
- reconnaître les conséquences des interventions et prendre les mesures adéquates,
- préparer suffisamment tôt l'organisation d'exploitation et d'assistance,
- planifier de manière optimale les activités d'introduction,
- consacrer aux activités d'introduction un temps de travail en relation avec les risques,
- informer les clients de manière optimale, tout en maintenant la fourniture des prestations selon les SLA, pendant l'introduction des modifications (ou des nouvelles solutions) dans l'environnement productif.

Les principales activités ITIL liées aux livrables du projet, réalisées au cours de cette phase sont :
- Vérifier qu'une mise en production est conforme au SDP, à l'architecture et aux standards associés,
- Assurer que l'intégrité du matériel et des logiciels est protégée pendant l'installation, le traitement, l'assemblage et la fourniture,
- Utiliser des procédures et des outils standards,
- Automatiser les procédures de fourniture, de distribution, d'installation, de construction et d'audit des configurations, le cas échéant, pour réduire les étapes manuelles coûteuses,
- Gérer et déployer/redéployer/supprimer/retirer les licences logicielles,
- Assembler et concevoir le package de mise en production de sorte qu'il puisse faire l'objet d'un retour arrière ou d'un rattrapage si nécessaire,
- Utiliser des procédures de Gestion des Configurations, le CMS et la DML pour gérer et contrôler les composants pendant les activités de construction et de déploiement, par exemple vérifier les prérequis, les conditions nécessaires et les demandes post-installation,
- Documenter les étapes de mise en production et de déploiement,
- Documenter le groupe de déploiement ou l'environnement cible qui recevra la mise en production,
- Élaborer des notifications de service.

Un transfert efficace des connaissances entre l'équipe opérationnelle et l'équipe de projet est très important, à toutes les étapes, afin de permettre une progression sereine dans les différentes phases décrites.

C'est là que les activités du processus *Release and Deployment management* prennent toute leur importance :
- Coordonner la mise à disposition de l'innovation avec les Métiers :

    Définir et agréer des plans de mise en production et déploiement validés par les Clients et les parties prenantes :
- S'assurer de la cohérence des packages de mise en production :

    Les éléments de configuration sélectionnés lors de la création de release package doivent être confirmés au niveau de leurs interrelations et leur compatibilité elle aussi testée.

Chapitre 3 : Axes de Convergence **47**

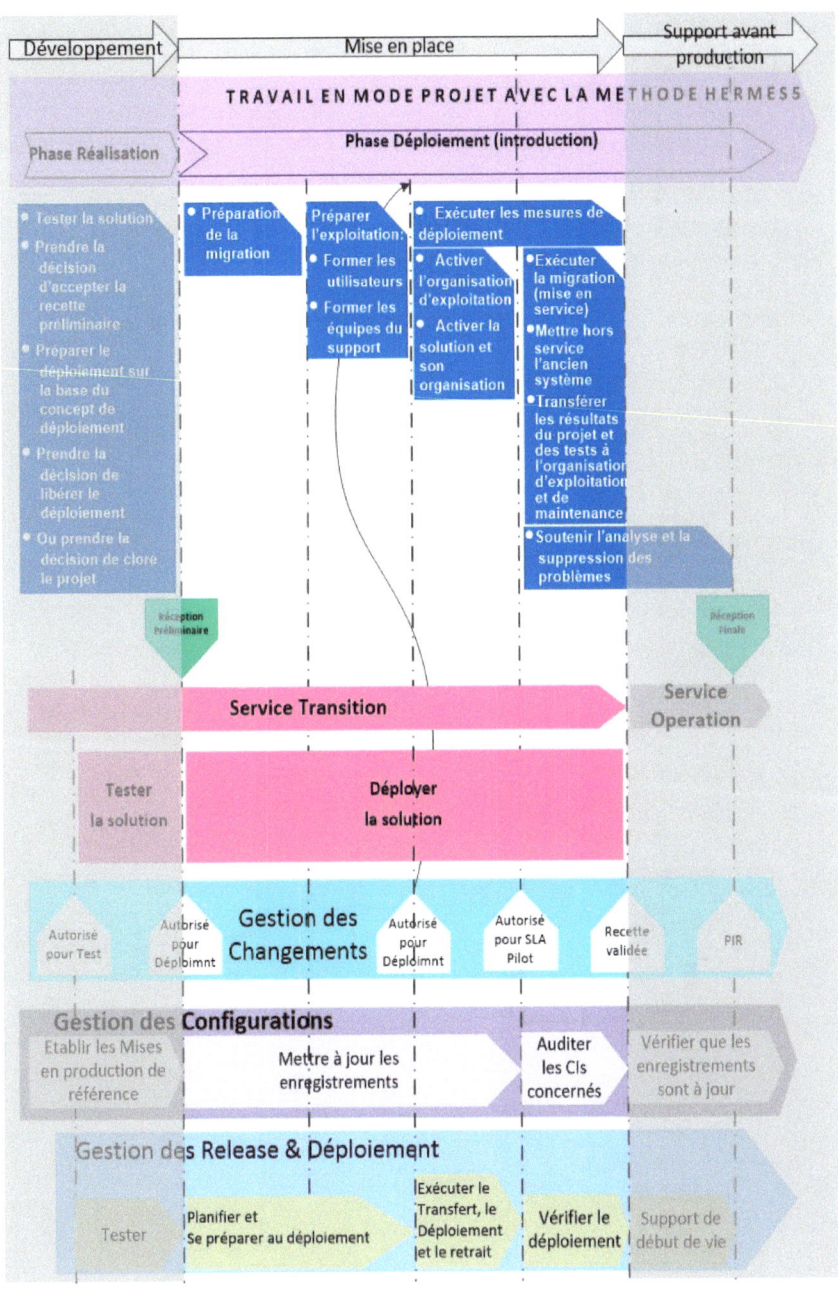

La figure ci-dessus, illustre le rôle de l'équipe projet dans cette activité de fourniture de services informatiques nouveaux ou modifiés, et **ses relations aux activités de transition**.

Les principales activités du processus *Release and Deployment management* sont :

- Assurer l'intégrité des release packages et leurs composants durant les étapes de transition :

    Les release packages sont stockés dans la *Definitive Media Library* - DML et enregistrées avec précision dans le *Configuration Management System* - CMS.

- Assurer un bon fonctionnement « au premier coup » :

    S'assurer que tous les release packages peuvent être suivis, installés, testés, vérifiés et désinstallés ou qu'un plan de retour en arrière préalablement testé puisse être activé.

- Assurer que l'innovation apportée est capable de livrer Utility et Warranty agrées :

    Par l'enregistrement et la gestion de toute déviation, tout risque ou question problématique en relation avec l'innovation, et la prise d'action corrective pour y répondre.

- Permettre aux Clients et utilisateurs d'appréhender au mieux l'innovation afin d'en bénéficier de façon optimale dans le job :

    Assurer le transfert de connaissance par une formation et accompagnement lors de la première utilisation et une documentation utilisateur orientée production.

- Assurer la maintenance de l'innovation :

    Par l'apport de compétences et le transfert de connaissances auprès des fonctions de support.

La figure ci-dessous présente le déroulement des activités du processus ITIL *Release and Deployment management* et le détail des activités du processus *Validation and Test*.

Chapitre 3 : Axes de Convergence — 49

Gestion des Release & Déploiement

Planifier Release	Construire	Tester	Planifier et Se préparer au déploiement	Exécuter le Transfert, le Déploiement et le retrait	Vérifier le déploiement	Support de début de vie	Passer en revue & Terminer un déploiement	Passer en revue & Terminer la transition de service

• Elaborer le plan de Mise en production
• Elaborer le plan de Déploiement
• Définir les critères de Go/No Go
• Établir les principes de déploiement, les tests et la maintenance des environnements avant la mise en production
• Planifier les pilotes
• Planifier les packages de mise en production et leurs constructions
• Planifier le déploiement
• Planifier la logistique et la fourniture
• Planifier les aspects financiers et commerciaux
	• Elaborer la Documentation de construction
	• Acquérir et tester les CIs d'entrée
	• Construire le package de production
	• Construire et gérer les environnements de tests
		• Elaborer la Documentation de Mise en production
		• Préparer le modèle de tests
		• Effectuer les tests et enregistrer les résultats
		   • Tests de préparation au déploiement
		   • Tests de gestion des services
		   • Tests d'exploitation des services
		   • Tests de niveau de service
		   • Tests utilisateurs
		   • Tests des interfaces des fournisseurs de services
		   • Tests de vérification de déploiement
		• Résoudre les incidents et réduire les risques
			• Intégrer les résultats de l'évaluation de déploiement
			• Développer les plans et se préparer au déploiement
				• Transfert / Transition de business et d'organisation
				• Déployer les processus et les supports
				• Déployer les moyens de gestion et les services
				• Transférer et Déployer le service
				• Supprimer les actifs redondants
					• Vérifier que les utilisateurs, l'exploitation des services, le personnel et les parties prenantes sont capables d'utiliser ou d'exploiter le service
					• recueillir du retour sur le processus de déploiement pour l'amélioration des futurs déploiements, par exemple en utilisant des enquêtes de satisfaction
					• Établir un rapport de toutes les difficultés et incidents et effectuer des corrections si besoin
						• Exploiter le service
						• Collecter des données sur la performance du service
						• Établir un rapport sur la performance de service atteinte
						• Comparer l'avancement par rapport au plan d'ELS
						• Vérifier la stabilité du service
						• Vérifier la stabilité du service – SI OK = FIN
						• SI KO = Identifier les gains rapides/ améliorations/atténuation des isques / changements
						• Planifier et gérer améliorations /atténuation des risques / changements
						• Et recommander à exploiter le service
							• Recueillir les expériences et le feed-back au sujet de la satisfaction du client, des utilisateurs et des fournisseurs de services concernant le déploiement
							• Mettre en évidence les critères de qualité qui n'ont pas été respectés
							• Vérifier que toutes les actions, toutes les corrections nécessaires et tous les changements sont terminés
							• Revoir les changements ouverts et s'assurer que le financement et les responsabilités pour les changements ouverts sont convenus avant passation
							• Revoir la performance obtenue et la performance cible, ainsi que l'utilisation des ressources et de la capacité, comme les accès utilisateurs, les transactions et les volumes de données
							• S'assurer qu'il n'y a aucun souci d'aptitude, de ressource, de capacité ou de performance à la fin du déploiement
							• Vérifier que tous les problèmes, toutes les erreurs connues et toutes les solutions de contournement sont documentés et acceptés par les clients/le business et/ou les fournisseurs
							• Revoir les risques enregistrés et identifier ceux qui impactent l'exploitation des services et le support.
							• Traiter les risques ou convenir d'actions comme le transfert des risques vers les risques enregistrés de la transition des services
							• Vérifier que les actifs superflus ont été enlevés
							• Vérifier que le service est prêt pour la transition du Support de début de vie vers l'exploitation des services
							• **Terminer le déploiement avec la passation du support de l'environne-ment cible ou du groupe de déploiement vers l'exploitation des services**
								• Elaborer un rapport d'évaluation de la transition pour vérifier que la performance effective et les résultats du nouveau service par rapport à la performance et les résultats attendus par l'utilisateur ou le client
								   • Rapport des écarts
								   • Profil de risques
								   • Rapport de qualification
								   • Rapport de validation
								   • Recommandation d'accepter ou de refuser le changement.
								• Tenir la revue et Fermer la transition
								• Gérer les connaissances

4.4.5.2 Préparer la construction, les tests et le déploiement

Convergence dans les phases de réception de la solution en production et de son support

Les activités liées à l'exploitation de l'informatique, aussi appelées opérations, sont celles où les plans, les concepts et les optimisations sont exécutées et mesurées. Depuis la perspective des Clients et utilisateurs, c'est ici, aux opérations, que la valeur des produits et services livrés est vue, c.-à-d. concrètement rendue disponible.

Des processus bien planifiées et correctement mis en œuvre ne seront d'aucune utilité si le fonctionnement au jour le jour de ces processus n'est pas correctement conduit, contrôlé et géré.

Bénéfice attendu : Réduction des travaux et des coûts non planifiés :

Par la prise en main optimisée des interruptions de service et l'identification de la cause originelle, tant du côté des Métiers que de celui de l'organisation informatique,

Bénéfice attendu : Les Métiers tirent pleinement parti de la valeur créée :

Par la réduction de la durée et la fréquence des interruptions de service,

L'amélioration continue ne sera pas non plus possible si les activités journalières de monitoring de performance, estimation de métriques et regroupement de données opérationnelles ne sont pas systématiquement conduites durant les activités opérationnelles.

Bénéfice attendu : Démontre l'utilité d'investir pour l'innovation :

En fournissant les résultats opérationnels et les données qui peuvent être utilisés par d'autres processus ITIL orientés vers l'amélioration continue,

Les équipes impliquées dans les activités opérationnelles devraient avoir des processus et outils de support en place qui leur permettent d'avoir une vue d'ensemble de type « End-to-End » identique à celle qu'ont les Clients et utilisateurs utilisant ces services aux Métiers.

Bénéfice attendu : Permet de construire les bases d'une future automatisation des opérations :

Par le déclenchement automatisé du traitement de certains services, et la standardisation de leur traitement par leur automatisation dans des workflows, les ressources humaines (dont le coût est important dans le TCO) seront libérées de certaines tâches répétitives au profit de travaux orientés vers l'innovation et la création d'avantages concurrentiels.

Étant donné que les services peuvent être fournis, partiellement ou en totalité, par des fournisseurs externes, la vue d'ensemble de type « End-to-End » devrait être étendue pour englober les aspects extérieurs de la prestation de services. Cela nécessitera le déploiement de processus et de plateformes de collaboration partagés pour permettre la gestion des workflows transversaux aux unités organisationnelles.

Bénéfice attendu : Atteindre les buts et objectifs décrits dans la politique de sécurité de l'organisation :

En assurant que les services informatiques fournis ne seront accédés que par les personnes autorisées à les utiliser.

Dès-lors, les principaux objectifs encourus pour réussir aux opérations sont :

- o Détection des incidents proactive :

Chapitre 3 : Axes de Convergence

Des mécanismes de détection en amont peuvent permettre d'identifier et assigner des incidents avant qu'ils soient constatés comme interruption de service par les Clients et utilisateurs.

- Détection de changement d'état ou d'exception :

Permet une réponse en amont des personnes impliquées dans les processus qui gèrent ces états ou ces exceptions, permettant ainsi aux Métiers de bénéficier d'une meilleure gestion globale. Peut-être appliqué à des processus Métiers.

- Détecter et résoudre des incidents dans un délai minimum :

Les temps d'interruption de service étant réduits, les Métiers peuvent exploiter les services à un niveau de productivité tel que conçu,

- Détecter les améliorations potentielles à apporter aux produits et services fournis :

Par exemple différencier un incident d'un besoin de formation nécessaire pour l'équipe de support ou les Clients et utilisateurs.

- Définir des services standards :

Le paramétrage du traitement des services standards dans des flux (workflows) automatisés permet aux Clients et utilisateurs des métiers d'accroître leur productivité, de diminuer la bureaucratie (liée au traitement manuel)

- Augmentation du niveau de contrôle :

Par l'intermédiaire d'une fonction de réalisation centralisée des requêtes qui permettra aussi d'en réduire les coûts,

- Corrections définitives des défauts :

Apporte une réduction du nombre et de la durée des interruptions de service dues aux incidents. La collaboration entre la gestion des Incidents et la gestion des Changements apportée par la gestion des Problèmes, permet d'accélérer le processus de résolution en identifiant des solutions permanentes et en mettant à disposition rapidement des erreurs connues et des solutions temporaires.

- Accès aux services accordés selon les rôles définis dans les processus des Métiers :

L'utilisation des services est rendue possible auprès des Clients et utilisateurs via un contrôle d'accès qui permet de garantir le niveau de confidentialité, d'intégrité et de disponibilité exigé par les Métiers.

ITIL – Phase Service Operation – Early life support

Il n'en reste pas moins important de prévoir une période de mise à l'épreuve avant d'adopter un mode de fonctionnement en production normale. Cette période de mise à l'épreuve est prévue dans le cycle de vie ITIL et porte le nom de *Early Life Support*.

C'est durant cette période de *Support avant production* que seront stabilisées les solutions livrées, et c'est surtout le seul moment où il sera possible d'évaluer la solution finale compte tenu de la qualité du support qui lui est dévolue.

Il s'agira alors de comparer les aptitudes, performance et coûts de services réels par rapport aux prévisionnels pendant les phases pilote et de Support de début de vie afin d'identifier tous les écarts et les risques qui peuvent être traités avant la fin de la phase de la transition des services.

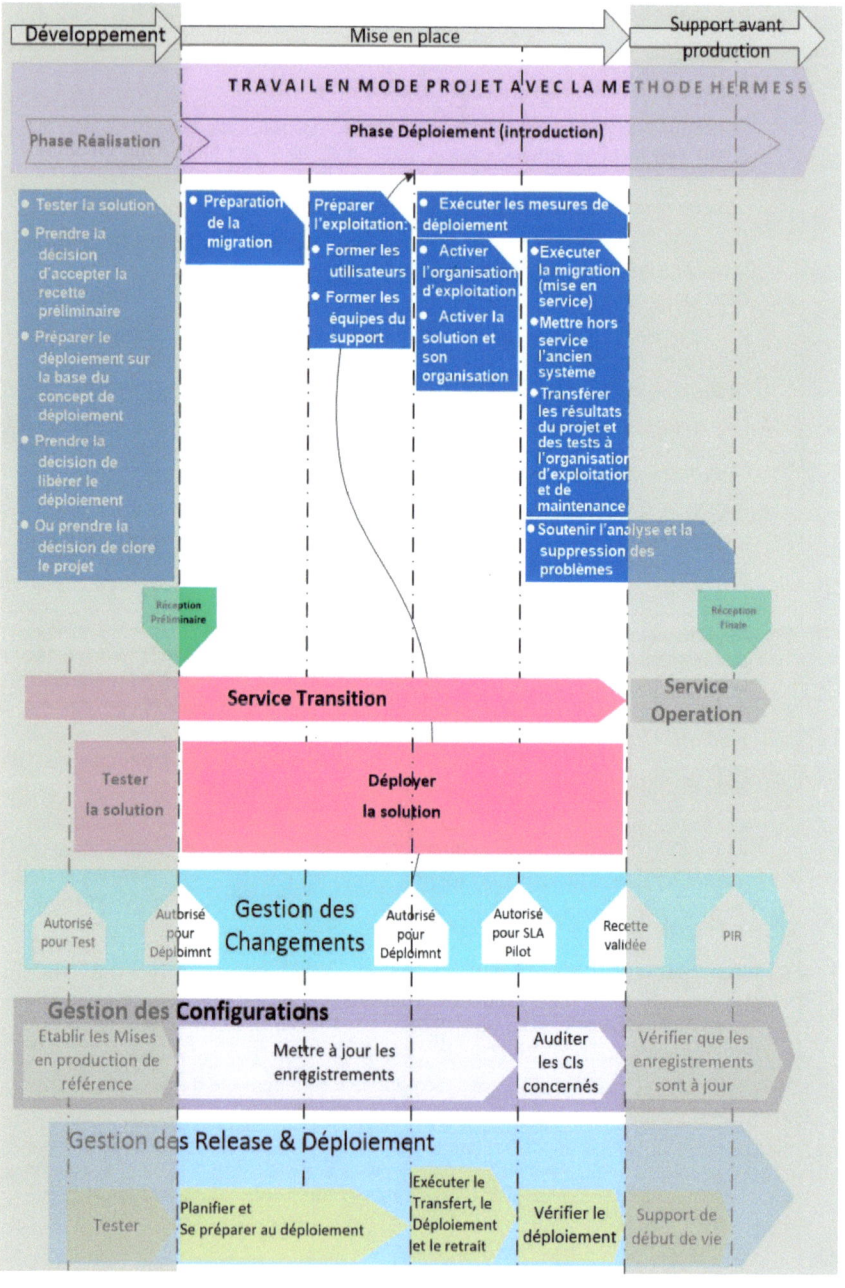

Chapitre 3 : Axes de Convergence

Rôles et Résultats les points de convergence

Le tableau suivant présente les rôles ITIL en relation avec les rôles HERMES responsables des principaux résultats de la phase HERMES « Réalisation ».

Rôle HERMES responsable	Résultat HERMES	Phase ITIL	Processus ITIL	Rôle ITIL responsable	Output ITIL / Résultat	Remarques
Développeur	Produit activé	Service Transition	Release and Deployment management	The release packaging and build manager	create and delivey of the release package	The release packaging and build manager will report to the release and deployment manager
Business analyst	Organisation activée	Service Transition	Release and Deployment management	Release and Deployment Manager	create and delivey of the release package	The release and deployment manager will report to the Service Transition manager
Chef de projet	Mesures de déploiement exécutées	Service Transition	Release and Deployment management	Release and Deployment Manager	create and delivey of the release package	The release and deployment manager will report to the Service Transition manager
Mandant	Liste de contrôle	Service Transition	Validate and Test management	Service test manager	Test the delivey of the release package	Service test management is primarily responsible for the test support and the test team(s) functions involved with the specific Service Transition. The service test manager will report to the Service Transition manager.
Mandant	Décision de pilotage du projet	Service Transition	Release and Deployment management	Service Transition Manager	Package released	None
Chef de projet	Procès-verbal de réception	Service Transition	Release and Deployment management	Service Transition Manager	Package released	None

Rôle HERMES responsable	Résultat HERMES	Phase ITIL	Processus ITIL	Rôle ITIL responsable	Output ITIL / Résultat	Remarques
Chef de projet	Liste de contrôle	Service Transition	Validate and Test management	Service test manager	Test the delivey of the release package	Service test management is primarily responsible for the test support and the test team(s) functions involved with the specific Service Transition. The service test manager will report to the Service Transition manager.
Chef de projet	Décision de conduite et d'exécution du projet	Service Transition	Release and Deployment management	Service Transition Manager	Package released	None
Développeur	Système activé	Service Transition	Release and Deployment management	The release packaging and build manager	create and delivey of the release package	The release packaging and build manager will report to the release and deployment manager
Responsable de l'exploitation	Manuel d'exploitation	Service Operation	IT Operations Management	IT Operation Manager	SOPs - Standard Operating Procedures	A number of documents are produced and used during IT Operations Management, some of these are: SOPs, Operations Logs, Shift Schedules and Reports and Operations Schedule.
Responsable de l'exploitation	Exploitation activée	Service Operation	IT Operations Management	IT Operation Manager	Early live support	None

Chapitre 3 : Axes de Convergence 55

Rôle HERMES responsable	Résultat HERMES	Phase ITIL	Processus ITIL	Rôle ITIL responsable	Output ITIL / Résultat	Remarques
Développeur	Migration exécutée	Service Transition	Release and Deployment management	Early life support	new or changed service is transitionned to Service Operation	Early life support (ELS) provides the opportunity to transition the new or changed service to Service Operations in a controlled manner and establish the new service capability and resources.
Chef de projet	Procès-verbal de réception	Service Transition	Release and Deployment management	Service Transition Manager	Package released	None
Chef de projet	Liste de contrôle	Service Transition	Validate and Test management	Service test Manager	Test the delivey of the release package	Service test management is primarily responsible for the test support and the test team(s) functions involved with the specific Service Transition. The service test manager will report to the Service Transition manager.
Chef de projet	Décision de conduite et d'exécution du projet	Service Transition	Release and Deployment management	Service Transition Manager	Package released	None
Architecte informatique	Ancien système hors service	Service Transition	Release and Deployment management	Service Transition Manager	Cis decommissioned	None
Responsable du test	Procès-verbal de test	Service Transition	Validate and Test management	Service test Manager	Test results, test report and evaluation report	Service test management is primarily responsible for the test support and the test team(s) functions involved with the specific Service Transition. The service test manager will report to the Service Transition manager.

Rôle HERMES responsable	Résultat HERMES	Phase ITIL	Processus ITIL	Rôle ITIL responsable	Output ITIL / Résultat	Remarques
Responsable du test	Concept de test	Service Transition	Validate and Test management	Service Transition Manager	Test plans	None
Responsable du test	Procès-verbal	Service Transition	Validate and Test management	Service test Manager	Test results, test report and evaluation report	None
Chef de projet	Product backlog	Service Transition	Release and Deployment management	The release packaging and build manager	create and delivey of the release package	None
Développeur	Plan de release	Service Transition	Release and Deployment management	The release packaging and build manager	create and delivey of the release package	None
Développeur	Sprint backlog	Service Transition	Release and Deployment management	The release packaging and build manager	create and delivey of the release package	None
Développeur	Incrément	Service Transition	Release and Deployment management	The release packaging and build manager	create and delivey of the release package	None
Développeur	Procès-verbal	Service Transition	Validate and Test management	Service test Manager	Test results, test report and evaluation report	None
Responsable SIPD	Concept SIPD	Service Transition	Release and Deployment management	The release packaging and build manager	create and delivey of the release package	None
Responsable SIPD	Liste de contrôle	Service Transition	Validate and Test management	Service test Manager	Test results, test report and evaluation report	None

Dans les prises de décision

Les processus de prises de décisions ainsi que les points de décisions sur les projets se déroulent selon la méthode HERMES.

La convergence entre ITIL et HERMES sera simplement la conséquence d'une répartition des rôles et responsabilités définis par HERMES et ITIL pour livrer et valider les livrables définis par HERMES et ITIL.

Chapitre 4
HERMES Modules communs aux phases

Dans le chapitre *Identifier la convergence avec les trois points de vue HERMES*, il a été rappelé que les **Tâches**, **Rôles** et **Résultats** sont décrits dans des modules, qui eux-mêmes servent à établir les scénarios de traitement des différents types de projets.

Il est temps de jeter un regard sur les modules communs à toutes les phases du cycle de vie HERMES, soit :
- Pilotage du projet,
- et Conduite du projet

La souplesse de la méthode HERMES permet d'adapter ou de créer des modules ou des scénarios de traitement des projets directement en lien avec les processus organisationnels existants au sein de l'entreprise. Il sera alors possible d'intégrer les pratiques de gestion de programme ou gestion de portefeuilles déjà existantes.

Pilotage du projet

Ici, il n'y a pas à proprement dit de convergence entre ITIL et HERMES, les deux principales activités : *Piloter le projet* et *Prendre la décision de libérer la phase*, se déroulent selon les **Tâches**, **Rôles** et **Résultats** décrits dans la méthode HERMES.

La relation entre ITIL et HERMES existe dans le sens que toutes les activités décrites dans les cinq phases ITIL-V3 2011 seront pilotées selon la méthode HERMES.

Conduite du projet

Là non plus, il n'y a pas à proprement dit de convergence entre ITIL et HERMES, les huit principales activités : *Conduire et contrôler le projet, Définir et piloter les prestations, Traiter les problèmes et profiter des expériences réalisées, Conduire la gestion des parties prenantes et la communication, Conduire l'assurance de la qualité, Gérer les risques, Traiter la gestion des modifications et Préparer la libération de la phase*, se déroulent selon les **Tâches**, **Rôles** et **Résultats** décrits dans la méthode HERMES.

La relation entre ITIL et HERMES existe dans le sens que toutes les activités décrites dans les cinq phases ITIL-V3 2011 seront pilotées selon la méthode HERMES.

Convergence grâce aux plateformes de collaboration

Pour faciliter la *Conduite du projet*, la mise à disposition d'une plateforme de gestion des services informatiques, qui inclut des fonctionnalités de gestion de projets, soutiendra efficacement le travail du chef de projet et de son équipe. Elle permet la centralisation des travaux de gestion de projet et de la réalisation des résultats et livrables de ce même projet.

De même, pour la Gestion des configurations, qui se déroulera en conformité avec HERMES, il serait judicieux de partager une plateforme de collaboration commune entre la gestion des services IT et la gestion de projets, afin de faciliter la documentation des éléments de configuration qui sont impactés dans le projet et la mise à disposition de ces informations lors du *Déploiement*.

Il en va de même pour la gestion des modifications, une plateforme de collaboration orientée gestion de services IT facilitera la tâche des membres de l'équipe projet en leur donnant le moyen d'évaluer l'impact de toute demande de changement liée au projet. De plus, le processus *Change management* de la gestion des services informatiques pourra être utilisé pour la gestion et le suivi des demandes de modifications sur le projet.

Et finalement pour la *Gestion de la Communication*, qui elle aussi se déroulera en conformité avec HERMES, la gestion et l'archivage des documents et leurs versions seraient facilités par l'utilisation d'une plateforme de collaboration commune, le processus Gestion des Actifs et des Configurations de service avec sa CMDB (ITIL) sera très utile et facilitera le passage d'informations validées et à jour, liées aux projets.

Chapitre 5 :
Principaux enseignements (lessons learned)
Synthèse des axes d'intégration entre la méthode HERMES et le modèle ITIL v3

L'intégration de la méthode HERMES avec le modèle ITIL permet d'élargir le champ d'action des projets informatiques.

Trop souvent, dans ces projets informatiques, le chef de projet et les équipes ne se sentent responsables qu'à livrer les résultats techniques, en réponse à des objectifs informatiques. L'intégration du modèle ITIL permet d'intégrer la notion que les résultats du projet doivent rendre service aux personnes qui les utiliseront dans le cadre de leurs activités journalières (liées aux métiers spécifiques de l'entreprise).

Du coup, puisque les projets servent à mettre en place des services informatiques à disposition du personnel des Métiers de l'entreprise, c'est le modèle ITIL qui vient compléter le mode de travail par projet permettant de livrer ces services. Ainsi, les concepts de mesure du niveau de service livré, apportées par ITIL, permettent d'inclure dès le début des projets, déjà dans la définition des objectifs, les notions de critères de satisfaction, leurs indicateurs avec la définition des valeurs acceptables, ainsi que les moyens de les mesurer.

Cette approche définit aussi les bases qui nous permettent d'être prêts pour définir les processus d'exploitation des résultats et livrables du projet, donc de définir les rôles qui seront en charge des activités de ces processus d'exploitation.

L'intégration de la méthode HERMES avec le modèle ITIL concerne évidemment les personnes actives dans la gestion des projets et dans la gestion des services. Pour faciliter le travail d'intégration au niveau de l'organisation du travail qu'elles accomplissent, le choix de bons outils de collaboration, en adéquation avec les points ci-dessus, permet d'automatiser certaines tâches dans des workflows. Lorsque les résultats de ces workflows sont mesurés, il devient plus aisé d'analyser ces résultats factuels afin d'identifier des améliorations à apporter.

Ainsi, chaque projet réalisé permet d'apprendre sur l'expérience, de tenir compte de ce qui a déjà réussi précédemment et d'éliminer ce qui n'a pas fonctionné.

Dès lors, la route est bien tracée pour que l'innovation soit conduite au plus vite pour être livrée le plus rapidement possible au sein des Métiers de l'entreprise.

Accompagnement du changement

Ci-dessous figurent quelques points de défi nécessitant un accompagnement au changement :

- L'adoption d'une culture orientée services vis-à-vis des personnes ayant besoin de ceux-ci pour effectuer leur travail spécifique aux métiers de l'entreprise. Ce sont ces métiers qui permettent de faire entre le flux financier qui doit couvrir les coûts du personnel informatique.
- Le positionnement de processus transversaux entre la gestion de projet et la gestion des services informatiques : Souvent considérés comme des fonctions

indépendantes, les départements chargés des activités réalisées dans les projets ou dans les opérations (exploitation informatique) devraient adopter des modes de collaboration qui facilitent l'arrivée de l'innovation dans l'entreprise.
- Une collaboration facilitée par l'utilisation de moyens informatiques, ou plateformes de collaboration, qui intègrent et soutiennent les processus transversaux de la gestion de projet et la gestion des services informatiques à l'aide de workflows paramétrés et mesurés.
- Une implication des décideurs dans le processus d'amélioration continu pour soutenir le besoin de progression de la gestion de projets et de la gestion des services informatiques. Un décideur doit décider et donc réagir et valider les propositions d'amélioration issues des analyses des mesures effectuées dans les workflows.
- L'innovation par la convergence entre gestion de projets et gestion des services informatiques est un axe stratégique fort. Il est donc nécessaire d'investir sur l'organisation et les moyens mis à disposition pour que cette convergence livre la valeur attendue.

Chapitre 6 :
Annexes

Conduire des projets sur deux axes

Constat : Les projets informatiques effectués avec HERMES ayant tous une partie liée à l'organisation en place, il est important d'adopter une approche adéquate pour les réaliser.

Pour ces projets, l'approche adéquate nécessite de conduire le projet sur deux axes :
1. Le contenu organisationnel selon les 5 Ps
2. L'accompagnement au changement auprès de toutes les parties prenantes.

Le contenu organisationnel du projet

Pour garantir le succès d'un projet organisationnel, il est au minimum nécessaire de traiter tous les aspects d'un tel type de projet. Pour résumer, ces aspects correspondent aux 5 P :

P1- Processus : Pour **définir**
- le **QUOI** : Objectifs et résultats attendus en sortie des processus (c'est ici que le PMBoK - Guide du corpus des connaissances en management de projet - du PMI, The Standard for PROGRAM Management Second Edition - du PMI, et The Standard for PORTFOLIO Management Second Edition - du PMI, et la méthode HERMES, ainsi que la librairie du modèle ITIL-V3 servent de modèle),
- le **COMMENT** : Traitements, ou groupe d'activités dans les processus, à appliquer aux entrées du processus afin d'obtenir les résultats en sortie (les mêmes modèles que pour le QUOI seront utilisés),
- et le **QUI** : Rôles et responsabilités dans les traitements des processus (c'est ici que les rôles clés définis dans la méthode HERMES et dans les pratiques ITIL-V3 servent de modèle),
- et le **QUAND** : Séquences des traitements ou groupe d'activités dans les processus et entre les processus (c'est ici que les interrelations entre les mêmes modèles que pour le QUOI seront utilisés),

P2- Personnes : Pour toutes les parties prenantes, depuis la direction du SITel, en passant par les chefs de projets, jusqu'aux représentants des métiers, il s'agira de **définir les rôles et responsabilités de chacun dans ces processus**.

P3- Plateforme de support et gestion de services : Les outils ont été inventés pour faciliter le travail en équipe. Il s'agit ici de **définir comment les outils actuellement utilisés, doivent être adaptés pour réussir à faciliter le travail à accomplir, sur la base des processus définis**.

P4- Performance : Pour **maintenir sous contrôle le niveau de résultat des processus**. Lorsque les processus sont mis en place, les personnes réalisent leurs activités au jour le jour. La définition des processus peut et doit constamment évoluer dans le sens d'une amélioration continue. Il est donc important de **mesurer les indicateurs de succès** pour mettre en évidence les succès et les points d'amélioration. Il faut ainsi définir :

- **CSF** (Critical Success Factor) : Facteur critique de succès
- **KPI** (Key Performance Indicator) : indicateur clé de performance

P5- Partenaire : Pour réaliser un projet d'organisation il est souvent utile de pouvoir d'appuyer sur un regard externe, dont l'angle de vision et l'analyse sera de facto plus neutre que celui de quelque partie prenante, et dont l'expérience d'intégration de méthodes est reconnue.

L'accompagnement au changement

Toute personne impactée par un projet d'organisation va réagir émotionnellement au changement que cela implique. Il est donc très important d'intégrer un travail d'accompagnement, au contenu du projet d'organisation, afin de faciliter l'adaptation des personnes concernées. Ici les mots clés sont :

Communication : Pour clarifier et éviter les malentendus,

Formation : Pour faciliter la compréhension et donc l'adoption des solutions proposées,

Accompagnement : Pour faire oser essayer et constater par l'expérience,

Soutien du management : Décider c'est agir, les personnes impactées doivent pouvoir constater que la volonté de changer est dictée par les décideurs,

Chapitre 6 : Annexes

Termes

Terme français	Terme anglais	Définition
Package de conception de service (SDP)	Service Design Package (SDP)	Un (ou plusieurs) document définissant tous les aspects d'un service informatique et ses exigences à toutes les étapes de son cycle de vie. Un SDP est produit à chaque nouveau service ou à chaque changement majeur.
Coût total de possession (TCO)	Total Cost of Ownership (TCO)	Méthodologie qui aide à la pride de décision en termes d'investissement. Le TCO évalue l'ensemble du coût de la possession tout au long du cycle de vie d'un élément de configuration, depuis le coût initial (prix d'achat) jusqu'au coût d'utilisation, voire d'approvisionnement dans le cadre de l'externalisation.
Packages de mise en production	Release package	Un ensemble d'éléments de configuration (ou de release unit) qui seront construits, testés puis déployés ensemble sous forme d'une mise en production unique.
Unité de mise en production	Release unit	Une unité de mise en production comprends suffisamment de composants pour exécuter une fonction utile.
Projets TIC	ICT Projects	Projets liés aux Technologies de l'Information et des Communications
Exploitation des services	SO - Service Operation	Inclut les pratiques de gestion de l'Exploitation des Services. Cette phase ITIL comprend des conseils pour garantir l'efficacité et l'efficience lors de la fourniture et du support des services afin d'assurer la valeur pour le client et pour le fournisseur de services.
Amélioration Continue des Services	Continual Service Improvement – CSI	fournit des conseils instrumentaux pour créer et maintenir la valeur pour les clients par une meilleure conception, introduction et Exploitation des Services en combinant des principes, pratiques et méthodes de gestion de la qualité, de Gestion des Changements et de l'amélioration des aptitudes. Les organisations apprennent à réaliser des améliorations par incréments et à grande échelle de la qualité de service, de l'efficacité opérationnelle et de la continuité du business.
Service Transition	ST - Transition des Services	fournit des conseils pour le développement et l'amélioration des aptitudes pour la transition en exploitation de services nouveaux ou modifiés en combinant des pratiques en Gestion des Mises en Production, gestion de programme et gestion des risques et les place dans le contexte pratique de la Gestion des Services.
User Acceptance Tests	Tests d'Acceptation Utilisateur (UAT)	tests orientés depuis la perspective des utilisateurs qui valident le fait que le service fourni est utilisable dans leurs activités de tous les jours.
service acceptance criteria	Critères d'Acceptation du Service (SAC)	Un groupe de critères utilisés pour s'assurer qu'un service informatique remplit les exigences fonctionnelles et de qualité, et que le fournisseur de ce service sera prêt à le livrer lorsqu'il sera déployé.
Service Level Requirement	Exigences de Niveau de Service (SLR)	Ces exigences de niveaux de service sont basées sur les objectifs d'affaires (business) et utilisés pour négocier et agréer les niveaux de services ciblés.

www.ingramcontent.com/pod-product-compliance
Lightning Source LLC
Chambersburg PA
CBHW040236220526
45473CB00001B/262